刑事案件现场勘验检查工作手册

公安部刑事侦查局　编写

中国人民大学出版社
·北京·

序　言

现场勘查是刑侦工作的起点，具有重要的基础性地位。现场勘查水平直接关系到侦查办案的效果。多年来，各级公安机关大力加强现场勘查能力和水平建设，现场勘查数量不断增加、质量不断提升，为侦查破案、服务诉讼提供了强有力的技术支撑。

随着我国社会主义法制建设日益完善、刑事技术手段不断丰富、刑侦信息化不断发展，现场勘查的内涵和外延都发生了深刻的变化。现场勘查不仅要为刑事诉讼提供证据服务，还要为刑侦专业情报研判提供信息支撑；不仅要发现提取指纹、足迹、DNA、微量物证等传统证据，还要采集电子物证、视频、基站信息等新型证据。现场勘查的信息不仅要录入信息系统，还要对其进行及时分析比对。

针对现场勘查工作面临的新形势，在2014年召开的全国刑事侦查工作会议上，公安部提出了对现场勘查工作实行“一长四必”制度，要求县市区公安局长对现场勘查工作负总责，现场勘查工作要做到“必勘、必采、必录、必比”。在2016年召开的全国公安机关打击“盗抢骗”犯罪工作会议上，公安部要求现场勘查要“确保每起案件都能拿到定案的证据或串并的依据”。这不仅为现场勘查工作指明了发展的方向，也对现场勘查工作提出了更高的标准。

为指导各地现场勘查人员尽快适应以“四必”为核心的现场勘查新要求，全面提高现场勘查工作效率和现场取证水平，公安部五局组织部物证中心、中国人民公安大学、中国刑事警察学院以及北京、山西、辽宁、黑龙江、上海、江苏、浙江、安徽、福建、山东、河南、湖北、广东、广西、重庆、四川、云南、陕西、新疆等地刑事技术专家编写了《刑事案件现场勘验检查工作手册》。

《刑事案件现场勘验检查工作手册》分理论篇、实务篇两部分，并附有新版《公安机关刑事案件现场勘验检查规则》及新、旧版本对照。本书从基础理论出发，围绕勘查总则、前期处置、准备工作、实地勘查、侦查实验等进行系统论述，对几类严重暴力犯罪现场、典型多发性侵财案件现场的勘查要点、流程和各类痕迹物证的采集应用进行了总结规范，对现场勘查人员如何出庭作证、应对新闻媒体进行了详细讲解，对现场勘验、检查装备进行了全面罗列。

本书是广大一线现场勘查人员的经验荟萃和智慧结晶，具有较高的理论指导和实战应用价值，既是现场勘查人员的作业指导书，也是现场勘查培训教材。希望广大刑事技术人员认真进行学习、借鉴、吸收，切实提升实战业务技能和现场勘查水平，共同为维护社会大局稳定、促进经济社会发展、保障人民安居乐业做出新的、更大的贡献！

2016年9月1日

目　录

上篇　理论篇

下篇 实务篇

上篇　理论篇

第一章　总则

第一节　现场勘验、检查工作的任务与内容

一、现场勘验、检查的定义

刑事案件现场勘验、检查，是侦查人员运用科学技术手段，对与犯罪有关的场所、物品、人身、尸体等进行勘验、检查的侦查活动。

二、现场勘验、检查工作的任务

《公安机关刑事案件现场勘验检查规则》第一章总则第三条规定："刑事案件现场勘验、检查的任务，是发现、固定、提取与犯罪有关的痕迹、物证及其他信息，存储现场信息资料，判断案件性质，分析犯罪过程，确定侦查方向和范围，

为侦查破案、刑事诉讼提供线索和证据。”

现场勘验、检查有以下五项任务。

（一）判明事件的性质

这是现场勘验、检查首先要解决的问题。

事件的性质分为案件、事故、假案三种情况。现场勘验、检查必须首先对事件的性质作出初步的判断，而后决定是否需要立案侦查。

（二）收集与犯罪有关的全部痕迹物证和相关信息

犯罪行为都会在现场留下各种痕迹、物品及各类相关信息，如手印、足迹、工具痕迹、枪弹痕迹等形态痕迹，生物物证，微量物证，视听资料，手机信息、网站信息等电子数据，这些物证和信息都可能为破案提供线索，为诉讼提供证据。

（三）研究和了解作案人实施犯罪的情况

犯罪现场能反映出作案人实施犯罪的情况。这种情况，包括犯罪的时间、地点，犯罪的过程、工具、手段，犯罪的人数，犯罪的动机、目的、对象以及犯罪所造成的危害后果等。判明这些情况，对于确定侦查范围有着重要的意义。

（四）研究和了解作案人的某些个体特点

作案人的个体特点，主要指其性别、年龄、身高、体型、职业、爱好、生活习惯、动作姿势、相貌以及衣着打扮等。

对于这些情况，只有通过现场勘验、检查，才能作出比较确切的判断，从而为侦查破案提供线索和方向。

（五）确定侦查范围

所谓确定侦查范围，就是指确定侦查工作应该指向哪里，应该在什么地区、什么行业、什么单位和什么人中寻找犯罪分子，也就是侦查人员经常说的给作案人“画像定向”。

三、现场勘验、检查工作的内容

刑事案件现场勘验、检查的内容包括：现场保护、现场实地勘验与检查、现场访问、现场搜索与追踪、侦查实验、现场分析、现场处理、现场复验与复查等。

第二节　现场勘验、检查工作的原则与要求

一、现场勘验、检查工作的原则

（一）依法原则

现场勘验、检查必须遵守我国《刑法》、《刑事诉讼法》和其他有关法律的规定。现场勘验、检查的整个过程和每一个行动，都必须严格按照有关法律规定的程序进行。只有在犯罪现场勘验、检查过程中做到程序、方法、内容均符合法律规定，才能使勘验、检查中获取的材料在侦查破案、起诉

审判中起到证据作用。如果不依法办事，即使获取的材料对于证明案件情况很有价值，也可能因证据不符合诉讼要求而不被采信。

（二）安全原则

公安机关进行现场勘验、检查过程中，一方面要注意保护公民生命安全，尽量避免或者减少财产损失，另一方面也要具备自身防护意识，防止各类意外的发生，尤其是对涉爆、涉枪、涉火、涉毒、涉放射性物质、涉传染性疾病等案（事）件进行勘验时，以及开展高空作业、道路勘查等危险环境勘验、检查时，必须配备安全防护设施与器具。勘验、检查暴力犯罪案件现场，可以视情况部署武装警戒、周边通信屏蔽。

（三）及时原则

及时原则要求侦查人员接到报案后必须尽快到达现场，继而抓紧时间开展勘验、检查工作。只有及时，才能最大限度地观察、记录到犯罪现场的原始面貌；只有及时，才能避免一些痕迹、物品在现场灭失，提取到可靠足量的各类痕迹物证和信息；只有及时，才不给犯罪分子以逃跑、隐藏和继续行凶作案的机会；只有及时，才能抓住时机，有效地控制事态发展，快速结案。

（四）客观原则

现场勘验、检查必须从实际出发，按照犯罪现场的本来面目去认识犯罪现场。要贯彻现场勘验、检查客观性的要求，一是要求侦查人员在勘验、检查现场的过程中，必须正视客观现实，尊重客观规律，不先入为主、偏听偏信，不随意歪曲现场情况，牵强附会，甚至捏造一些根本与案件无关的情节。二是要求侦查人员在勘验、检查现场的过程中，严格认真、一丝不苟，不放过任何细枝末节。三是要求侦查人员必须把握和研究犯罪现场的一切方面、一切联系和“中介”，做到既收取能够肯定问题的材料，也收取能够否定问题的材料，切忌以偏概全、挂一漏万，得出片面的、表面的、主观的结论，把侦查工作引向歧路。

（五）全面原则

全面原则要求勘验、检查工作周全，没有漏洞。犯罪现场的复杂性给勘验、检查工作带来了认识上的困难，必须通过勘验、检查工作将各种杂乱的信息汇集起来，认真分析研究，才能对案情有一个全面准确的认识。全面勘验、检查主要体现在以下三个方面。

一是勘验、检查现场要全面。犯罪现场的种类有多种，凡是与犯罪有关的场所都要勘验、检查。无论是原始现场还是变动和破坏现场，都要全面勘验、检查。对于同一个现场的不同部位也要全面勘验、检查。对现场中心要集中精力仔细勘验、检查，对现场外围、作案人来去路线以及准备作案的地点或隐藏的地方的勘验、检查应当更加仔细。

二是信息采集要全面。犯罪现场的证据类型是多样化的，言词证据、痕迹物证、基站信息、视频信息、地理位置信息、电子物证信息等，都是查明案件事实的关键，应当全面收集。

三是现场分析要全面。现场分析不仅是对犯罪活动的重要认识环节，也是对现场勘验、检查前期工作的考量和检验。因此，分析的内容要全面、清楚。要全面细致地分析各种证据材料，不能孤立地观察分析问题，要把各个方面的情况联系起来进行综合分析。

（六）细致原则

犯罪现场的各种人、事、物往往复杂地交织在一起，给我们查明案件事实带来困难。勘验、检查中要以一丝不苟的精神，认认真真、仔仔细细对待每一个痕迹物证、每一个涉案人员、每一个具体问题。不管痕迹物证的存在形式如何，都要仔细观察，努力发现，谨慎提取。在现场访问中，要根据不同的访问对象采取不同的访问方法，耐心细致地查明访问对象所了解的与案件有关的所有情况，不遗漏任何一个与犯罪有关的细节和疑点。

二、现场勘验、检查工作的要求

现场勘验、检查除了应遵循上述工作原则外，还有其他一些工作纪律要求也要严格遵守。

（一）严守勘验、检查秘密

现场勘验、检查人员应当严格遵守保密规定，不得擅自接受新闻媒体的采访，不得向无关人员泄露任何信息。具体要求为：一是侦查人员在勘验、检查现场的过程中，要严防一切无关人员进入现场；二是要正确处理保守秘密和公布案情的关系，既不能将现场情况全部封锁，也不能将现场情况全部公开，而是要根据案件的具体情况和侦查工作的需要，有组织、有目标、有控制地公布案情；三是对于随意泄露现场秘密的行为，应当认真追究，严肃处理。

（二）服从统一指挥

现场勘验、检查人员通常由指挥员、侦查员、刑事技术人员及其他相关人员组成。这些人员构成一个现场勘验、检查工作群体，既有分工，又有协作。为了保证勘验、检查工作能够有计划、有步骤、有秩序地进行，到达现场的所有人员，均应严格服从统一指挥，恪尽职守，决不允许擅自行动，以免打乱整个勘验、检查工作部署，影响勘验、检查工作的正常进行。

（三）保护公私财物

勘验、检查人员在提取痕迹物证时，必须严格按照操作规范和工作程序进行。现场的一切财物不能私自拿走，因取证需要拿走的，应当向事主说明情况，办理必要手续。对提取的贵重物品或重要文件，严防丢失损坏，用后及时归还物主。不能无故损坏现场的任何物品。另外，也要爱护勘验、检查设备及器材，工作结束后要及时清点、整理。

（四）尊重群众风俗

在少数民族区域或多民族聚居区，各民族存在不同的风俗习惯，因此，现场勘验、检查中的尸体检验、侦查实验、现场搜索等工作，应注意工作方法，杜绝有伤风化和有损少数民族风俗习惯的行为，避免引起群众反感，造成不良影响。

第三节 现场勘验、检查工作的职责划分和人员资质要求

一、现场勘验、检查工作的职责划分

公安机关内部现场勘验、检查职责的划分，是指公安机关各级侦查部门在犯罪现场勘验、检查工作中的权限和内部分工，主要涉及级别职责划分和地域职责划分。

（一）级别职责划分

县级公安机关及其派出机构负责辖区内刑事案件的现场勘验、检查。对于案情重大、现场复杂的案件，可以向上一级公安机关请求支援。上级公安机关认为必要时，可以直接组织领导现场勘验、检查工作。

（二）地域职责划分

涉及两个县级以上地方公安机关的刑事案件，现场勘验、检查工作由受案地公安机关进行，案件尚未受理的，由现场

所在地公安机关进行。新疆生产建设兵团和铁路、交通、民航、森林公安机关及海关缉私部门负责其管辖的刑事案件的现场勘验、检查。

公安机关和军队、武装警察部队互涉刑事案件的现场勘验、检查，依照公安机关和军队互涉刑事案件管辖分工的有关规定确定现场勘验、检查职责。人民法院、人民检察院和国家安全机关、军队保卫部门、监狱等部门的自办案件，需要公安机关协助进行现场勘验、检查，并出具委托书的，有关公安机关应当予以协助。

二、现场勘验、检查工作的人员资质要求

侦查人员是现场勘验、检查工作的主体。《公安机关刑事案件现场勘验检查规则》第六条规定：“刑事案件现场勘验、检查由公安机关组织现场勘验、检查人员实施。必要时，可以指派或者聘请具有专门知识的人，在侦查人员的组织下进行勘验、检查。”

可见，现场勘验、检查权是明确赋予侦查人员的一项权力，其他任何机关、团体或公民个人，都无权进行现场勘验、检查。被指派或者聘请的具有专门知识的人员，必须在侦查人员的组织下参与现场勘验、检查工作，他们不具备现场勘验、检查主体资格。《公安机关刑事案件现场勘验检查规则》第六条同时规定：“公安机关现场勘验、检查人员是指公安机关及其派出机构经过现场勘验、检查专业培训考试，取得现场勘验、检查资格的侦查人员。”公安机关现场勘验、检查人

员，应当具备相关专业知识和专业技能，具备独立勘验、检查现场的能力，取得执法资格。

第四节 现场勘验、检查工作的组织与指挥

刑事案件现场勘验、检查是一项时间性、法律性、技术性很强的综合性侦查措施，需要有组织、有秩序地进行。只有这样，才能高效完成现场勘验、检查任务。公安机关对刑事案件进行现场勘验、检查应当统一指挥，周密组织，明确分工，落实责任，及时完成各项任务。

一、现场勘验、检查工作的组织

（一）现场勘验、检查人员的组织

现场勘验、检查的工作人员主要是指参加现场勘验、检查的公安部门或基层保卫部门的人员等，具体可分为现场勘验、检查主体人员和其他工作人员。现场勘验、检查主体人员主要包括现场勘验、检查指挥员、侦查员（狭义）与技术员。其他工作人员则是指派出所民警、巡警和基层单位保卫干部等，主要负责现场警戒、维护现场秩序、看管犯罪嫌疑人等具体工作。

此外，现场勘验、检查工作还需要其他参与人员，包括邀请的见证人、检察官以及在必要时指派或者聘请的具有专门知识的人员。

（二）现场勘验、检查人员的分工

《公安机关刑事案件现场勘验检查规则》第二十三条规定了现场勘验、检查人员应依法履行的职责内容。包括：“（一）实施现场紧急处置；（二）开展现场调查访问；（三）发现、固定和提取现场痕迹、物证等；（四）记录现场保护情况、现场原始情况和现场勘验、检查情况，制作《现场勘验、检查工作记录》；（五）参与现场分析；（六）提出处理现场的意见；（七）将现场勘验信息录入‘全国公安机关现场勘验信息系统’；（八）利用现场信息串并案件。”

上述职责内容只有在确保统一指挥、明确分工、落实责任、协调行动的情况下才能够顺利完成。现场勘验、检查工作，尤其是重特大案件现场勘验、检查应进行如下分工。

1. 现场保护组。一般由派出所民警、治保人员、内部保卫干部和其他指定人员组成。有时根据现场需要，交警、武警和特警等也参与现场保护工作。任务：封锁和警戒现场，维持现场秩序，保证安全，严防意外，保证现场勘验、检查工作顺利进行。

2. 现场访问组。主要由侦查员组成，可以吸收派出所民警、内部保卫干部参加。任务：寻找、发现案件知情人，了解案件相关情况，获取证人证言，收集侦查线索等。

3. 实地勘验组。主要由技术员组成。任务：全面负责勘验、检查，发现、固定、提取现场与犯罪有关的痕迹物证，并制作现场勘验、检查笔录。

4. 机动通信组。一般由侦查员、派出所民警、警犬训导员、无线电通信员、车辆驾驶员组成，根据案情需要，可调集行动技术、网络侦查等其他警种人员参加。任务：负责对现场进行搜索追踪，监管已经抓获的犯罪嫌疑人，负责现场通信与联络、媒体接待等事务性工作。

四个小组分工不分家，对于参与现场分析、提出处理现场的意见、将现场勘验信息录入“全国公安机关现场勘验信息系统”、利用现场信息串并案件等职责内容，需要协作完成。

二、现场勘验、检查工作的指挥

现场勘验、检查工作是一个有机的整体，但往往比较复杂，头绪繁多，时间紧，任务重，参加的人员也参差不齐，因此须在现场勘验、检查指挥人员的统一领导之下，各负其责，开展工作。

（一）担任现场勘验、检查指挥员的条件

现场勘验、检查的指挥员由具有现场勘验、检查专业知识和组织指挥能力的人民警察担任。

（二）现场勘验、检查指挥员的职责

现场勘验、检查的指挥员依法履行下列职责：

1. 决定和组织实施现场勘验、检查的紧急措施。
2. 制定和实施现场勘验、检查的工作方案。
3. 对参加现场勘验、检查的人员进行分工。

4. 指挥、协调现场勘验、检查工作。

5. 确定现场勘验、检查的见证人。

6. 审核《现场勘验、检查工作记录》。

7. 组织现场分析。

8. 决定对现场的处理。

（三）现场勘验、检查指挥员的指挥要领

现场勘验、检查指挥员在整个勘验、检查活动中占有举足轻重的地位。如果指挥员掌握组织指挥要领，就能够保证现场勘验、检查工作有组织、有秩序、有步骤地进行，最大限度地为侦查破案服务。

1. 果断决策，采取措施。从接到报案开始，指挥员就应该根据前期现场的处置情况，及时对现场保护的范围及人员分工进行合理安排，快速组织人员，携带必要勘验、检查器材，快速赶赴现场。同时，现场情况错综复杂，经常有多种险情，指挥员应审时度势，打破常规，先急后缓，果断决策，控制事态，排险救难。

2. 全面协调，统一部署。参与现场勘验、检查工作的人员较多，素质不同，对现场的把握能力千差万别，所以指挥员应审视现场总体情况，协调各方，各负其责，齐头并进，保证信息顺畅，使现场勘验、检查工作有序进行。

3. 统筹兼顾，突出重点。现场勘验、检查工作任务重、时间紧，需要指挥员统筹兼顾，分清主次，抓重点带一般。既要注重传统痕迹物证的发现与提取，又要注重通信、网络数据等电子证据的发掘与利用。在现场访问环节，应抓住有

利时机，对重点访问对象重点关注，亲自过问。

4. 准确分析，吃透案情。指挥员既是指挥者，又是决策者。由于准确分析案情是开展下一步侦查工作的前提与保障，因此在现场分析中，指挥员应特别注意创造民主气氛，集思广益，全面归纳，科学分析，吃透案情。如发现问题，应采取复验、复查等措施解决。

5. 认真审核，严格遵循法定程序。现场勘验、检查是法律规定的侦查活动，应按照法定程序进行。指挥员在保证整个勘验、检查活动合法进行的同时，对勘验、检查工作的各个环节都必须认真审查核实，严格把关，充分体现服务诉讼的意识。

第二章　现场勘验、检查的前期处置

第一节　接报警

绝大多数情况下，现场勘验、检查工作从接到报案开始。现场勘验、检查人员很少是第一个发现案（事）件现场的人，往往是刑警队的值班侦查员通过 110 指挥中心接警的。

一、接报警登记

刑警队的值班侦查员在最初接警时，应做到思路清晰、井井有条，把最基本的重要信息记录下来，将其作为合理布警的依据，并为可能的后续刑事诉讼活动提供最原始的依据。

接报警时应认真填写接报警登记簿，需要记录的案（事）件信息包括报警单位、报警人个人信息、报警的具体时间、报案的方式（电话报案还是有关人员直接到公安机关报案）、接报单位、接报人、接报的具体时间、案（事）件发生（或发现）时间、案（事）件发生地点以及现场环境、被害人的基本情况、主要损失（人身受伤害情况以及财物损失情况）、作案人的情况（如果了解的话）、赶赴现场的路线、现场联系人、联系电话等相关情况。

二、请示汇报

接报警后，应当将案件简要情况迅速向本级领导和主管领导汇报，听取主管领导、本级领导的指令和工作意见。作为该案（事）件现场勘验、检查工作指挥员，领导根据案情的程度决定是否需要报告上级公安机关和当地党政领导机关。对于重特大敏感案（事）件现场，必要时应当向检察机关报告，商请同级检察机关派人参加现场勘验、检查。

三、组织现场勘验、检查人员及器材装备

高质量的犯罪现场处置并不需要繁杂人力和过多装备，相反，只要按照现场勘验、检查原则就可以高效完成犯罪现场勘查工作。犯罪现场勘验、检查最基本、最重要的原则就是依法、安全、客观、准确、细致、全面。

1. 贯彻落实领导负责制：针对重特大敏感案（事）件，本单位领导必须亲自参加现场勘验、检查，全面负责。

2. 根据现场情况调配相应人员：进出现场人员必须统筹

安排，力求相关专业技术力量搭配合理，杜绝专业不适应现象。

3. 备全勘查器材装备：保证勘查器材齐全并性能良好，确保现场勘验、检查工作顺利进行。

第二节　紧急措施的采取

对于现场可能出现的某些紧急情况，如涉及抢救人命、抗灾抢险、清除现场隐患、现场搜索、追缉堵截犯罪嫌疑人、监控守候等，现场指挥员要果断决策，立即采取相应的紧急措施。

一、抢救人命

现场有伤者时，应当立即组织专人进行急救或将其送往医院进行医治，但在进行施救过程中，要先记录被害人的位置、姿势以及周围易破坏的痕迹物证，尽量减少变动范围，保持现场的原始状态。

二、抗灾抢险

现场遇到财产损失等继续扩大的情况，要采取相应的措施进行抗灾抢险，但要尽量减小对现场的破坏，同时记录现场的原始情况。

三、清除现场隐患

现场勘验、检查前，必须彻底清除现场的危险隐患，排除险情后再进行勘查。对于爆炸、涉恐、纵火等犯罪现场，在进行现场勘验、检查之前要进行安全评估，必要时请专业人员进行相应的安全检查。在确保现场绝对安全的情况下，方能进行现场勘验、检查，避免或减少二次伤亡。在进行安全检查时，要做好相应的记录，同时要查明原始情况。

四、现场搜索

为了发现和捕获潜伏在现场附近的犯罪嫌疑人，发现和收集犯罪嫌疑人遗留的痕迹、物证，发现和寻找尸体残肢，为步法追踪寻找“原踪”等，常常要进行现场搜索。现场搜索有时在实地勘验前进行，有时与实地勘验同步进行，有时在实地勘验后进行。在搜索时，要根据现场环境和警力情况，采取不同的搜索方法。

五、追缉堵截犯罪嫌疑人

对于作案后逃跑的犯罪嫌疑人，可以根据被害人或目击证人提供的犯罪嫌疑人的体貌特征、逃跑方向、逃跑路线、是否携带赃物或凶器、是否乘坐交通工具等情况，安排人员、警犬等对可能藏匿的地方或沿逃跑方向进行搜索、追踪和堵截，使用警犬追踪要在不破坏现场痕迹物证的前提下进行。同时向相关部门发协查通报，必要时由县级以上公安机关批准，可发布通缉令。

六、监控守候

根据犯罪嫌疑人受伤逃跑的具体情况，必要时可通知有关医疗单位注意发现可疑人员，或派员到这些医疗单位张网守候。如果判断犯罪嫌疑人往返于主体现场和关联现场并正在实施犯罪活动，可派员守候于某一现场，犯罪嫌疑人一旦出现，即可将其抓获。

第三节　现场保护

《公安机关刑事案件现场勘验检查规则》第十四条规定："发案地公安机关接到刑事案件报警后，对于有犯罪现场的，应当迅速派员赶赴现场，做好现场保护工作。"现场保护，是指刑事案件发生后，为了使犯罪现场的痕迹、物证免受破坏，由民警等有关人员对现场进行的封锁、警戒和对痕迹、物证实施的一系列保全、维护措施。

犯罪现场保护是一项基础性的工作，保护工作质量的高低会直接影响到后续现场勘查工作质量的好坏。如果犯罪现场保护工作中出现失误，就会导致犯罪现场痕迹、物证的灭失和现场原始状态的改变，给现场勘查工作造成无法弥补的损失。保护好犯罪现场，将犯罪现场和周围群众隔离开，也可以保守犯罪现场和勘查工作的秘密。另外，在确保现场及现场勘查秘密的情况下，犯罪现场的状态及现场勘查中所提取的痕迹、物证也可用来甄别犯罪嫌疑人口供的真伪。

一、造成现场破坏的主要原因

（一）客观原因

从犯罪发生到侦查人员进行勘查之前，一般都有一段或长或短的时间间隔，在这段时间里，许多外界因素，如事主清点财物、群众围观、刮风下雨等，都会使现场的原始状态遭到改变而导致其成为变动现场。这种时间间隔越长，现场变动和受到破坏的因素就越多，现场变动、遭到破坏的可能性就越大，变动和被破坏的程度就越严重。而这种现场的变动和破坏，必然会给现场勘查工作造成许多困难，导致现场现象真假难辨，犯罪证据和侦查线索难于发现。

（二）主观原因

1. 基层民警现场保护意识不强。

在日常工作中，基层民警在接警后，有时不能够及时赶赴现场对现场加以保护，有时赶赴现场后，不采取任何防护措施直接进入现场，不仅自己破坏了现场，同时把一种错误的信号传递给当事人及现场周围群众，导致多人进入现场，使得现场遭到严重破坏。

2. 宣传力度不够。

近年来，公安工作的过大压力，使广大民警无暇顾及对现场保护的宣传工作，自身对新形势下出现的各类新情况没有认真研究，加之培训工作跟不上，有的民警现场保护方面的知识匮乏，特别是在一些出现紧急状况的现场，由于不会保护现场，大量现场证据损失，对今后工作造成极大麻烦。

二、一些常见和特殊现场的保护方法

（一）现场保护的一般规则

划出一定的保护范围，把现场封锁起来，禁止与现场勘查无关的任何人进入，以保持现场的原始状态。常见的警戒措施有设置“人墙”、设置障碍物、划警戒线、封锁交通道口、指挥现场交通、张贴布告、关闭大门、划出通道等。现场保护的具体方式包括：设置警戒带，固定现场警戒线；设置路障，实施交通管制；利用警戒标识物进行遮挡；布置专人进行警戒。

（二）室内现场的保护

把案（事）件发生（或发现）的房间和室外进出该房间的路线、门窗、围墙以及可能留有犯罪痕迹、物品的场所一起封锁起来，布置警戒，张贴布告，或绕以绳索，禁止一切无关人员入内，具体可根据犯罪现场的环境灵活进行。

（三）室外现场的保护

划出一定的保护范围，将现场封锁起来，禁止一切无关人员进入。保护范围的大小，应根据不同案件的具体情况和犯罪现场所处的具体地理位置和环境来确定。原则上应把犯罪分子实施犯罪行为的地点和其他留有与犯罪有关的痕迹、物品的场所都包括进去。

（四）现场尸体的保护

1. 露天尸体的保护：可用洁净的物品加以遮盖。下雨时，应用塑料布等洁净的防雨材料加以遮盖，以防尸体上附着的毛发、血迹、精斑等痕迹物证散失、被污染或被破坏。对于在旷野、山林中发现的尸体，应注意立即安排专人负责看管，以防止尸体受到意外破坏。

2. 水中尸体的保护：对于水中飘浮的尸体，则只要用一定的方法将其固定住，使其不再继续漂流即可，一般不必打捞上岸。如水流过急而无法固定，可设法将其打捞上岸，但在打捞过程中要十分小心。

3. 火场中尸体的保护：如有火势继续蔓延或建筑物行将倒塌的危险，则应设法将尸体移出火场。

在现场保护过程中要注意以下几方面事项：一是要防止二次污染；二是采取紧急处置的方法要适时、得当；三是使用的保护用具尽量避免就地取材，同时要有警示标识；四是保护涉暴、涉恐、纵火、爆炸现场时要注意防止危害结果的再次发生。

第三章　现场勘验、检查的准备工作

第一节　听取情况汇报，询问有关人员

一、了解案情，听取情况汇报

现场勘验、检查人员到达现场后，首先要做的就是听取先期到达现场的110巡警、派出所民警、内部保卫干部和治保、联防人员的汇报，迅速了解案件和现场情况。重点了解以下内容：

1. 案件发生发现的时间、地点、环境。

2. 被害人姓名、性别、年龄、职业、家庭主要成员及其接触关系，被害人的生活规律、习惯及最后一次活动情况。

3. 案件发现人、报案人的姓名、年龄、职业、住址。

4. 现场有无变动和现场保护情况。

5. 进出现场人员姓名、年龄、职业、住址、行走路线、行为及触摸物品情况。

6. 是否发现了痕迹物证，如有，了解其所处的地点、部位，发现经过及采取何种措施进行保护。

7. 是否发现了犯罪分子和犯罪嫌疑人及其年龄、体貌特征等自然情况以及逃跑方向。

8. 财物损失情况。

二、询问有关人员

为了全面了解现场情况，要对在现场及周围知道或了解案件情况的人员进行询问，询问的对象主要有事主、被害人、发现人、报案人、被害人的亲属和同事及现场其他的知情人。现场勘验、检查指挥员及现场勘验、检查人员为了进一步了解核实案件的基本情况可以直接对以上询问对象进行询问。询问的主要内容包括：

1. 案件发现和发生的时间、地点、详细经过，发现后采取的保护措施，现场所见情况，有无可疑人或者其他人在现场，现场有无反常情况，以及物品损失情况等。

2. 现场可疑人或者犯罪人数量，犯罪人性别、年龄、口音、身高、体态、相貌、衣着打扮、携带物品及其特征、来去方向及路线等。

3. 与案件现场、被害人有关的其他情况。

第二节 巡视现场，开展现场评估，确定勘验、检查范围与顺序

在听取情况介绍后，现场勘验、检查指挥员要在现场勘

验、检查人员的陪同下对整个现场进行巡视，并对整个现场进行评估，确定勘验、检查的范围与顺序。

一、巡视现场

巡视现场是指勘验、检查人员为了确定勘验、检查的范围、重点、顺序，对现场的内部和外部状态及周围环境所进行的观察和记录。巡视现场也是静态勘查的一部分，是初步了解现场基本情况的基本方法。

（一）观察现场外围

包括现场的位置、周围的环境、通向现场的道路及其与周围环境的关系。

（二）巡视现场中心

包括现场中心的结构、设施及其状态，物品的摆放、可视痕迹和物证的分布、尸体的状态，以及现场的险情及紧急情况。

二、现场评估

现场评估就是对整个现场的危害程度、工作量大小以及所需专业技术方面做出总体评估。根据现场的工作量大小来权衡勘验、检查力量；根据现场所涉及的知识领域确定是否聘请专家、学者以及其他专业技术人员，如需聘请应当履行法定程序并对聘请的专家等人员讲明纪律要求；根据现场范围进一步确定现场保护的范围。

三、确定现场勘验、检查范围

确定现场勘验、检查范围是搞好现场勘验、检查工作的前提和基础，确定现场勘验、检查范围要根据不同现场的具体情况而定，主要依据痕迹物证、其他线索以及现场情况来确定，只有勘验、检查范围划定准确才能搞好现场勘验、检查工作，才能不遗漏相关的痕迹物证。因此，划定现场勘验、检查范围，一是要根据现场的客观实际条件，将犯罪人来去现场的道路、现场侵入口和逃离口等纳入勘验、检查范围；二是要根据现场的痕迹、物证的分布情况，将可能遗留痕迹、物证的部位纳入勘验、检查范围；三是要根据犯罪现场勘验、检查的具体工作情况，将尸体所在位置、犯罪人作案时停留和触动的部位，以及与犯罪有关的电子数据及其相关设备纳入勘验、检查范围。

四、确定现场勘验、检查顺序

现场勘验、检查顺序是根据现场勘验、检查范围及其重点来确定的。由于犯罪现场的情况不同，所以勘验、检查顺序也不同。通常确定现场勘验、检查顺序要注意以下几个方面。

（一）犯罪现场勘验、检查的优先顺序

1. 犯罪现场中心优先勘验、检查。这是指现场中心与现场外围明确的，由现场的中心向外围进行拓展勘验、检查。

2. 犯罪现场外围优先勘验、检查。这是指现场中心与现场外围不明确的，由现场外围向现场中心进行收缩式循序渐进的勘验、检查。

3. 痕迹、物证数量较多且集中遗留的部位优先勘验、检查。这是指对于现场痕迹、物证明确和比较集中的部位，应当及时、准确、有针对性地寻找、收集与犯罪有关的痕迹、物品，进一步发现犯罪现场的信息。

4. 痕迹、物证容易受到损毁的部位优先勘验、检查。这是指现场有些部位遗留的痕迹、物证容易发生变化或者受到破坏时，应当对其优先勘验、检查，以避免或者减少痕迹、物证的损失，保证其客观、真实。

5. 先发现的现场优先勘验、检查。这是指一个案件具有两个以上现场时，先发现的现场应当优先勘验、检查；或者依据案件的特点，对能够提供作案人条件信息和线索的关联现场优先勘验、检查，以便于最先掌握与犯罪有关的信息，采取紧急措施和开展后续犯罪现场勘验、检查。

6. 易于发现和提取或者先发现痕迹、物证的部位优先勘验、检查。这是指对于能够简单快速获取痕迹、物证的部位优先勘验、检查，以便第一时间进行查询比对，获取作案人的相关信息。

7. 犯罪行为实施地点明确的优先勘验、检查。这是指由被害人、作案人、知情人等相关人员指认的，以及有相关证据明确指向的犯罪行为实施地点要优先勘验、检查，以便能够准确、及时获取犯罪证据信息。

（二）分区域、分地段、分层次地进行犯罪现场勘验、检查

主要适用于以下几种现场情况：第一，现场范围较大，分布在几个区域；第二，现场地段较长，或者分布在几条路上；第三，痕迹、物证比较分散；第四，现场范围不明确，现场中心位置不确定；第五，现场地形和结构比较复杂。

（三）按照作案人的犯罪过程进行犯罪现场勘验、检查

作案人来去现场路线比较明确的，或者作案人实施犯罪行为时所遗留的痕迹、物证有序的，可依据作案人实施具体犯罪行为的顺序进行犯罪现场勘验、检查。

第三节　制定现场方案

根据案件现场情况和特点，现场勘验、检查指挥员要制定现场勘验、检查方案。现场勘验、检查方案包括以下内容。

一、各负其责，分工明确

现场勘验、检查人员根据工作的需要可分为现场保护、现场访问、实地勘验、机动通信等若干小组，分头开展工作。

二、明确现场中心与外围，划定现场勘验、检查范围

进行现场勘验、检查之前，明确划定勘验、检查的范围是保证勘验、检查质量的重要前提。划定现场勘验、检查的范围应力求准确，在实际工作中，一般采用“宁大勿小”的原则，即在勘验、检查开始之初把范围划大一点，在勘验、检查过程中根据工作的需要再行调整。

三、明确现场勘验、检查的原则和顺序

现场勘验、检查应遵循“合法、及时、全面、细致、客观、安全、保密、科学”的原则进行，按照“先静后动，先下后上，先易后难，先表后里，先重点后一般，先固定后提取”的顺序开展。

四、明确现场勘验、检查的重点

一般而言，现场勘验、检查的重点包括现场出入道、实施犯罪行为的中心场所、与犯罪有关的尸体和人身等。案件

性质不同，案件现场勘验、检查的重点也有所区别。

五、明确现场勘验、检查的纪律和注意事项

现场勘验、检查人员必须服从命令、听从指挥，认真履行职责，严格按照勘验、检查的分工和步骤开展工作。

现场勘验、检查人员要有保护现场原貌、避免现场遭到污染的意识，严禁无关人员进入现场，进入现场人员必须穿鞋套，戴手套和帽子，禁止在现场吸烟，禁止乱扔杂物。现场勘验、检查人员要有保护案件现场公私财物的意识，不得随意翻动任何物品，不得无故扣押、损坏现场任何物品，勘验、检查结束后应尽量恢复现场原状。现场勘验、检查人员要有安全防范意识和文明意识，不得在现场说笑嬉闹，尊重当地群众的风俗习惯。现场勘验、检查人员要有保守秘密的意识，不得泄露案件现场情况以及与案件有关的其他情况和材料，不得擅自接受新闻媒体的采访。

第四节　邀请现场勘验、检查见证人

为保证现场勘验、检查过程的客观性和合法性，勘验、检查现场时，应当邀请一至二名与案件无关的公民做见证人。

一、现场勘验、检查见证人的基本要求

现场勘验、检查时，应选取思想作风正派、公道，与案

件无关、具有完全行为能力的一至两名公民做见证人。现场勘验、检查人员要详细记录现场勘验、检查见证人的姓名、性别、年龄、职业及联系方式等信息。

按照最高人民法院《关于适用〈中华人民共和国刑事诉讼法〉的解释》第六十七条的规定，下列人员不得担任刑事诉讼活动的见证人："（一）生理上、精神上有缺陷或者年幼，不具有相应辨别能力或者不能正确表达的人；（二）与案件有利害关系，可能影响案件公正处理的人；（三）行使勘验、检查、搜查、扣押等刑事诉讼职权的公安、司法机关的工作人员或者其聘用的人员。"

二、现场勘验、检查中涉及见证人签名的几种具体情形

现场勘验、检查原始记录包括现场图、现场照片、现场录像和现场勘验、检查笔录等，现场勘验、检查人员和见证人应当在现场签字确认，以电子形式记录的可以使用电子签名。

现场勘验、检查人员可以对人身进行检查以确定被害人和犯罪嫌疑人的某些特征、伤害情况或者生理状态，同时应当将检查的情况制作笔录，由参加检查的侦查人员、检查人员、被检查人员和见证人签名。

现场勘验、检查中执行扣押或者提取物品、文件时，应当有见证人在场。扣押物品、文件时，当场开具《扣押清单》，并由侦查人员、见证人和物品、文件持有人分别签名或者盖章。提取现场痕迹、物品时应当填写《提取痕迹、物证

登记表》，并由侦查人员、见证人和物品、文件持有人分别签名或者盖章。

对应当扣押但不便提取的物品、文件，经登记、拍照或者录像、估价后，可以交被扣押物品、文件持有人保管或者封存，同时应当开具《登记保存清单》，由侦查人员、见证人和物品、文件持有人签名或者盖章。

三、由于客观原因无法由符合条件的人员担任见证人的情形

《公安机关刑事案件现场勘验检查规则》第二十四条规定："由于客观原因无法由符合条件的人员担任见证人的，应当在笔录材料中注明情况，并对相关活动进行录像。"

第四章　实地勘验、检查

第一节　确立防污染及自我保护的控制措施

一、确立防污染措施

近年来，随着物证检验技术的高速发展，DNA 检验的灵敏度越来越高，然而现场勘验、检查过程中的物证污染问题时有发生，这对现场勘验、检查人员的个人防护措施有了更高的要求和标准。因此，物证污染问题应受到侦查和技术人员的高度重视，应采取适当的技术方法和污染防控措施，最大限度地减少物证污染的发生，保障物证鉴定结果在刑事诉讼活动中的证据价值。

（一）勘查防护装置的配备

现场勘验、检查的人员，在勘验、检查过程中，应当使用相应的个人防护装置，如手套、口罩、脚套、防护帽等，防止个人指纹、足迹、DNA 等信息遗留现场造成污染，并应注意以下问题：

1. 使用个人防护装置时要注意检查防护装置是否完好，使用中发现有破损和已经污染的应及时更换。

2. 对相互污染有可能影响检验结果或分析判断的区域和场所，在进入这些区域和场所时，应停止使用已经被污染的防护装置，更换新的防护装置，防止交叉污染。如在室内现场和室外现场都需要勘验、检查时，在室外现场勘验、检查穿着的鞋套不应在室内现场使用，反之在室内现场勘验、检查时穿着的鞋套也不应在室外现场使用。

3. 提取或采集生物检材，应佩戴未污染过的手套，不能重复使用同一手套提取或采集不同的生物检材。

4. 佩戴手套时，尽量避免双手污染手套的外侧。

5. 重大案件现场勘验、检查过程中，建议佩戴双层手套。

（二）物证提取包装

现场勘验、检查过程中，物证提取时要做到单独包装，防止污染，每一物证需在外包装上进行标识，标明物证名称、提取部位、所处状态、提取人姓名、提取时间（参照《物证通用标签 GA 55—93》），并注意以下问题：

1. 选用合适的包装物。收集和保存物证的包装物，必须适用于所收集的材料。易碎的物品，必须放在防破碎的容器中。容器大小应与物品大小适应。

2. 包装物证袋要保持清洁，且未使用过，为防止物证霉变，洁净的纸质物证袋可用于多种物证的包装，是包装物证的首选材料。

二、确立自我保护的措施

现场勘验、检查人员开展勘验、检查时，对涉爆、涉枪、纵火、化学及有毒物质泄漏、中毒、放射性物质、传染性疾病、深井、洞穴及其他危险场所等可能危害勘验、检查人员的人身安全的，应当先由相关专业人员排除险情，或经相关专业人员检查具备一定安全条件后方可开展勘验、检查工作。勘验、检查时应配备必要的安全防护设施和器具。必要时，可邀请相关专业人员在安全方面予以协助。

第二节　依据勘查程序处理现场

勘验、检查人员在勘验的准备工作完成以后，可依据分工对负责的现场区域开展勘验、检查工作。

一、初步勘验

（一）划出勘验通道

勘验、检查人员进入现场前，为最大限度地保护现场的原始状态和防止痕迹物证受到破坏，需要划出一条供勘验、检查人员进出现场的临时路线。

在划勘验通道时，应选择对现场的痕迹物证影响、破坏较小的部位或区域，并注意仔细观察通道地面有无遗留的足迹或其他痕迹物证，一旦发现痕迹物证，可用笔或其他工具做好标记，并加以保护。如果通道狭窄，血迹或其他痕迹物证较多，应使用勘验踏板。必要时，对通道做出明显的标记或指示。

划出通道后，勘验、检查人员才能经过通道进入现场进行勘验、检查。

室外现场与室内现场勘验、检查的要求相同，也需要在划出勘验通道后才能开展勘验、检查。但对区域较大、痕迹物证少的室外现场，勘验、检查指挥员可以采取提示方式告知其他勘验、检查人员划定的勘验通道，不一定需要明显标记。

（二）静态勘验

主要通过观察的方式了解和掌握现场环境、结构、物品摆放情况以及发生的变动情况，并通过拍照、录像、绘制现场草图和文字记录等方式固定、记录现场原始状态。

从开辟通道到指定勘验区域，在初步勘验阶段，主要以静态勘验为主。但在勘验通道中有影响勘验的物品，将其移动对勘验影响不大的，可进行拍照固定、记录后，小心将其移动到合适的位置；发现的痕迹物证可能因勘验或其他原因对其造成影响或灭失的，可先行拍照固定、记录和提取。勘验、检查过程中，可借助其他工具和设备辅助进行勘验、检查。

二、详细勘验（动态勘验）

详细勘验的目的是全面寻找、发现和提取有关痕迹物证，研究与犯罪活动有关的情况，弄清作案过程和相关细节，为分析研究犯罪现场情况、确定案件性质、划定侦查范围提供依据。

（一）详细勘验应遵循的原则

1. 先静后动。无论任何阶段，勘验过程中，对现场，包括现场环境、物品、痕迹等都应先静态观察和搜索，然后再变动位置、变换角度、移动物品继续观察和搜索。

2. 先地面，后地上。无论是室外现场还是室内现场，都应先对地面进行勘验、检查，一旦发现可疑痕迹和物品，应做出明显标记并加以保护，在适当时候进行提取。地面勘验、检查完成后，再对家具和其他摆设物品，以及墙面、窗子、顶棚、悬挂物等进行勘验、检查。

3. 先外围，后中心。对一些物体的勘验、检查，必须打开才可以看到里面的，如抽屉、柜子等，应先勘验、检查物体的外面，再勘验、检查物体的里面。

4. 先重点，后一般。如果现场存在重点区域和一般区域、重点部位和一般部位之分，在勘验、检查过程中，应先勘验、检查重点区域和重点部位，再勘验、检查其他区域和其他部位。如盗窃案件，应先勘验、检查中心现场和财物丢失的重点部位、明显被翻动或撬压的部位，再勘验、检查现场的其他区域如外围现场、关联现场等，以及其他部位如少量翻动或未明显翻动但也可能遗留痕迹物证的部位等。

5. 先固定，后提取。勘验过程中，一旦发现可疑痕迹或物证，须按照物证提取要求，通过测量、文字记录、拍照及录像等方式固定后，再进行提取。

（二）详细勘验需要解决的任务

1. 寻找、发现和提取有关痕迹物证。

主要是寻找、发现和提取与案件有关的各种变动痕迹、破坏痕迹、人体接触痕迹和物证。包括手印、足迹、工具痕迹、枪弹痕迹、爆炸痕迹、燃烧痕迹、攀爬痕迹、物体移动痕迹等，以及生物物证、微量物证、作案工具和其他遗留物品等。所有发现的有关痕迹物证都应固定和记录，需要提取的应记录提取方法和数量。

2. 采集现场周边的视频信息、基站信息、地理信息及电子信息等相关信息。

勘验、检查人员采集现场及现场周边的视频信息和电子信息时，应履行相关法律手续和按照有关规范处置，并做好记录。如需要，可邀请有专门知识的人协助。采集基站信息时应结合现场环境、结构、大小、犯罪嫌疑人活动位置和路线进行多点采集。

3. 研究与犯罪有关的情况，弄清作案过程和相关细节。

勘验、检查人员对现场发生的变化、遗留的痕迹、物证等要展开分析研究，重点弄清作案进出口、侵入方式、作案手段特点、作案工具、犯罪嫌疑人数量及其特点、作案过程、作案心理状态、作案动机等有关情况。

详细勘验可借助其他辅助工具，但应使用能尽量减少对勘验、检查人员的伤害和对现场的影响和破坏的工具。

第三节　记录现场勘验、检查工作

一、记录现场勘验、检查工作的方式

记录现场勘验、检查的方式应当客观、全面、详细、准确、规范，能够作为核查现场或者恢复现场原状的依据。

（一）现场勘验笔录

1. 现场勘验笔录正文需要载明现场勘验过程及结果，包括与犯罪有关的痕迹和物品的名称、位置、数量、性状、分布等情况，尸体的位置、衣着、姿势、血迹分布、性状和数量以及提取痕迹、物证情况等。

2. 对现场进行多次勘验、检查的，在制作首次现场勘验、检查工作记录后，逐次制作补充勘验、检查工作记录。

3. 现场勘验、检查结束后，应当及时将现场信息录入“全国公安机关现场勘验信息系统”并制作《现场勘验、检查工作记录》。其中，对命案现场信息应当在勘查结束后七个工作日内录入，对其他现场信息应当在勘查结束后五个工作日内录入。

（二）现场图

现场勘验、检查人员应当制作现场方位图、现场平面示意图，并根据现场情况选择制作现场平面比例图、现场平面展开图、现场立体图和现场剖面图等。绘制的现场图应当符合以下基本要求：

1. 标明案件名称、案发时间和地点。

2. 完整反映现场的位置、范围。

3. 准确反映与犯罪活动有关的主要物体，标明尸体、主要痕迹、主要物证、作案工具等的具体位置。

4. 文字说明简明、准确。

5. 布局合理，重点突出，画面整洁，标识规范。

6. 注明方向、图例、绘图单位、绘图日期和绘图人。

（三）现场照片

现场照片包括方位、概貌、重点部位和细目四种。现场照片应当符合以下基本要求：

1. 影像清晰，主题突出，层次分明，色彩真实。

2. 清晰、准确记录现场方位、周围环境及原始状态，记录痕迹、物证所在部位、形状、大小及相互之间的关系。

3. 细目照片应当包括比例尺。

4. 需有文字说明。

（四）现场录像和现场录音

一般案件主要采用现场勘验笔录、现场图、现场照片三种方式记录，如有必要，也可采用现场录像和现场录音。重特大和有影响的案件应采用现场勘验笔录、现场图、现场照片、现场录像和现场录音的方式。现场录像和现场录音可以单独使用，也可同时使用。

二、记录现场勘验、检查工作的要求

1. 现场勘验笔录、现场图、现场照片、现场录像和现场录音应当相互吻合，能互相印证，以此组成的现场勘验、检查工作记录才符合客观、全面、详细、准确、规范的要求，能够作为核查现场或者恢复现场原状的依据，符合法定的证据要求。

2. 现场提取的痕迹、物证情况，扣押物品情况，图和照片的数量，录像、录音的时间，应在现场勘验笔录中记录。

3. 现场图、现场照片、现场录像和现场录音、现场勘验笔录等现场勘验、检查的原始资料应当妥善保存。现场勘验、检查原始记录可以用纸质形式或者电子形式记录，现场勘验、检查人员和见证人应当在现场签字确认，以电子形式记录的可以使用电子签名。

第四节　现场痕迹物证的发现、固定和提取

一、现场痕迹物证出现的重点部位

寻找发现犯罪嫌疑人遗留的痕迹物证必须遵守抓住重点、

由外围向中心或由中心向外围、由室外到室内、由下而上的工作原则，从而从杂乱的现场中，找到能说明犯罪事实的犯罪嫌疑人所留下的痕迹物证。注意做到边发现、边做标记，加强保护，防止被破坏。明确寻找发现痕迹物证的重点部位，并把主要精力放在重点部位上，然后再顾及一般。根据具体条件，也可以从中心到外围，从室内到室外，从上到下或者从外围到中心，也可互相对照、交叉。寻找的重点部位有以下几处。

（一）现场的进出口

在犯罪现场的进出口，犯罪嫌疑人往往要破坏封闭物，所以停留的时间大多比较长，留下的痕迹物证也较现场其他地方要多一些。

（二）现场中心

现场中心即实施作案的具体地点，也就是被侵犯的目标所在之处，犯罪嫌疑人在这些地点注意力高度集中于作案目标，往往不顾及其他，容易留下痕迹物证。

（三）犯罪嫌疑人的来去路线

进出口和现场中心往往因条件所限和受犯罪心理影响，痕迹物证数量少、易变形或不完整，因此可以根据具体案情，结合现场中心和进出口处发现的痕迹物证的特征，在现场外围犯罪嫌疑人（作案前、后）可能经过的路线，寻找发现比较清晰、完整的痕迹物证，以确定犯罪嫌疑人的来去方向，甚至追踪直接发现犯罪嫌疑人或找到其他痕迹物证。

如在现场勘验、检查时，搜索犯罪嫌疑人来去路线上的足迹是十分必要的，尤其是在犯罪现场中心提取不到有价值的痕迹物证时，更应该做好搜索工作。实践证明，在现场勘验、检查过程中采取这样的措施，可以弥补中心现场痕迹物证的不足，或发现没有进入中心现场的同案犯罪嫌疑人留下的痕迹物证。无论是从采痕取证的角度来说，还是从分析研究案情的角度来看，都可能会有意想不到的收获。

（四）犯罪嫌疑人的守候藏身处

犯罪嫌疑人要作案时，往往受到某些外界条件的限制，采取躲藏、掩蔽的方式来等待最佳的作案时机。通常在墙角、门洞、天棚、阳台门后、床下、箱柜里、水缸、厕所、地窖及室外的街头巷尾、广告牌下、商亭旁、旧空房内、建筑工地、乡间的草垛、涵洞等僻静、阴暗的角落守候藏身。守候窥视时还可能留下排泄物和其他物品。这些守候藏身之处是犯罪嫌疑人认为比较安全的地方，所以对在这些地方所留下的痕迹物证也不会刻意去破坏，所以在这些地方往往能找到清晰、完整的手印、足迹、坐卧休息痕迹、生物检材等痕迹物证。

（五）埋尸藏赃处

杀人案中掩埋尸体的地点及抛尸地点，特别是埋尸的新土周围易留下足迹、烟头、痰迹等；盗窃案中犯罪嫌疑人常要转移隐藏赃物，在犯罪嫌疑人使用的交通工具的存放处及其隐藏赃物的地点附近也易留下上述痕迹物证及其使用的交通工具的痕迹。同时这些地方也是犯罪嫌疑人认为比较安全的地方，所以在这些地方往往能找到清晰、完整的手印、足迹、生物检材等痕迹物证。

（六）犯罪嫌疑人在作案活动中破坏或必须接触的物品

犯罪嫌疑人在作案过程中，不可避免地要破坏现场的一些封闭物，接触到现场的一些物品，如锁具和灯具的开关、门窗的把手、一些被翻动的物品及其走过的类地面和一些踩踏到的物品，在这些物品上都有可能留下犯罪嫌疑人的手印、足迹、汗液等痕迹物证。

上述有关地点和场所，以及各类物品，作为重点，可供勘查时参考，但还必须兼顾一般。

二、痕迹物证的搜索及显现方法

根据物质交换原理，犯罪嫌疑人在作案过程中可能留下手印、手套印、足迹、工具痕迹、枪弹痕迹、身体印痕等各类痕迹，毛发、精斑、唾液、血液、汗液等生物物证，以及声像资料、文书材料、电子证据等痕迹物证。在现场勘验、检查时，要根据参与物质交换的客体具体属性、物质交换的方法和形式等具体情况，来选择合适的方法发现痕迹物证。常用的方法有以下几种。

（一）肉眼观察法

肉眼观察法主要是借助自然光或光源，利用肉眼来寻找现场中各种与犯罪有关的痕迹。使用肉眼观察法寻找、发现现场中的痕迹物证时，要不断调整观察的方向和角度，使痕迹物证与承痕客体呈现最大的反差，使痕迹物证的特征最清晰地显现出来。若使用光源辅助观察，需要不断调整光源的入射方向、角度及波长，以达到最大反差。常用光源有以下几种。

1. 普通白光光源。

现场勘验、检查使用的普通光源主要有普通照明手电或勘查灯。在现场勘验、检查中，利用普通光源仍是寻找发现现场痕迹物证的一种基本方法。通过利用光源打出斜侧光、不断调整观察者的视线角度和光照角度发现现场痕迹物证。

2. 多波段光源。

多波段光源是20世纪90年代初期出现的光源，是指使用一组或两组滤光镜将光源发出的白光分成多个不同的波段，再通过光导管独立输出的光学系统。此类光源在刑事技术领域应用广泛，不仅适用于实验室操作，更适用于现场勘验、检查中寻找发现痕迹物证。现场勘验、检查时，选择适当波段的光照射不仅可以使一些物质的固有荧光被激发，如手印、人体分泌物、血迹、射击残留物、油漆、油脂纤维等，而且对于荧光试剂增强处理过的痕迹也可使其与背景产生更加明显的反差。

3. 紫外线光源及紫外观察照相系统。

高强度的长波紫外线作为现场勘验、检查工具主要用于寻找发现很多在自然光下不易发现的痕迹物证，如精斑、残留尿液、头发、纤维以及某些麻醉药品等，对于荧光粉末处理过的手印有很好的显现效果。此外，紫外观察照相系统是现场勘验、检查中发现寻找以及记录痕迹物证的有效设备。它是美国 SPEX 公司于 1997 年推出的，该系统在现场勘验、检查时不需要粉末，也不需要任何处理，就可以在犯罪现场寻找发现手印、血迹、精斑、咬痕、射击残留物等痕迹物证，并可同时进行拍照提取。其原理是利用现场微量痕迹物质对长、短波紫外线具有特殊的吸收、反射以及荧光的特性，用紫外微光摄像头将摄取的紫外信号倍增放大并转化为可见光信号，通过视频眼镜传入人眼，并可直接进行拍照。

4. 激光光源。

激光器是利用受激辐射原理使光在某些受激发的物质中放大或振荡发射的器件，也是刑事技术领域较为常见的一种光源设备，其光源具有单色性好、光纯度高、单位面积的光能量较高等特点。

（二）物理显现法

物理显现法主要是利用犯罪痕迹中某些物质的物理性质显现增强现场痕迹物证。常用的现场手印物理显现方法有粉末法、熏染法、真空镀膜法、静电吸附法等增强方法。

1. 粉末法。

粉末法是现场勘验、检查中使用最多且操作最简单的显现手印的一种物理显现增强方法，它是利用手印物质中的汗液或油质与粉末之间较强的亲和力，使粉末牢牢地吸附在汗液或油质上，从而显现增强作案人作案时遗留在现场的手印。常用的粉末有金粉、银粉、磁性粉及荧光粉等，该方法同样适用于现场汗潜足迹的显现增强。

2. 熏染法。

熏染法是利用某种物质气体分子直接加染手印纹线的特点来显现手印的一种物理方法。常用的熏染法有碘熏法和烟熏法。碘熏法主要是利用碘在加热时升华的特性来显现手印，主要适用于显现浅色纸张、塑料、竹木器上的无色汗垢手印，尤其是显现比较陈旧的手印。烟熏法是利用松香或樟脑等物质燃烧后产生的黑色烟雾能附着在手印纹线上的特点来显现手印，主要适用于玻璃、瓷器、牛皮纸、人民币、光面塑料等物体上汗液手印和油手印的显现。

3. 其他物理方法。

对遗留在人体内的射击弹头，可利用 X 射线透视或拍摄来寻找发现其所处的具体位置。此外，还可利用探雷器、悬丝磁秤、金属探测器在现场的弹着点、发射地点等场所来寻找发现弹头、弹壳等射击残留物。

（三）化学显现法

化学显现法是利用化学试剂与现场痕迹物证中的某些物质发生化学反应的特性来显现增强现场与犯罪有关的痕迹物证的方法。

常用显现增强现场汗潜手印、足迹的化学方法有“502”胶显现法和茚三酮、DFO 或茚二酮显现法等。

现场的灰尘手印、足迹常用的显现方法有硫氰酸钾显现法、赤血盐显现法、pH值指示剂显现法。

现场的潜在血痕迹常用的显现方法有四甲基联苯胺显现法、氨基黑10B及酸性黄显现法等。

三、痕迹物证的固定提取方法

（一）照相固定提取法

照相不仅是固定、提取现场痕迹物证的首选方法，也是现场记录必不可少的手段。此方法不仅可以保持痕迹物证的原始形貌，同时亦能较好地反映出痕迹物证的方向、位置及相互关系情况。更重要的是这一方法对痕迹物证无损耗和破坏，对后期采取的其他显现提取方法和生物检材的提取均不产生任何影响，因此不论采取何种后续增强方法，都必须先进行照相固定。

（二）原物固定提取法

当现场在一些轻、薄、小巧的客体上或部分可截取、拆取的组合物体上留有可疑痕迹物证时，或是在现场无法可靠提取可疑痕迹物证时，在不损坏原物的基础上，征得事主和有关方面的同意，照相后，可提取原物，提取原物时要办理相关法律手续，要妥善保管，可疑痕迹物证处理完毕后必须将其及时归还。提取体积较小的物体上的可疑痕迹物证时，可用胶带在其无痕迹物证的边缘部位进行固定，并将其固定到容器内或木板上进行提取。对于可通过截取、拆取有可疑痕迹物证部分的物体，应就地选择包装容器，把带有可疑痕迹物证的物体固定在容器中央，避免运送中损坏与磨损，失去检验价值，破坏物证。

对于作案人遗留在现场的附有可疑血迹或其他斑痕的较小、易携带物体，如衣服、鞋袜、纸片、烟头、作案工具等，应将其整件实物提取，分别包装。如斑痕附着在沉重、固定或不易携带的物体上，如床、桌、地板、墙壁上，可将斑痕连同邻近小块无斑痕部分一并取下进行实物提取。但在提取前，应将其在正常室温下晾干，然后将其放入干净的纸袋中或用干净的包装纸予以包装，并标注说明。

对于在现场勘验、检查中发现的射击弹头、弹壳，在进行实物提取前应先照相，然后用软布或软纸包好后放入塑料袋、纸袋或装有软衬垫物的盒内，并注明提取人、提取时间和地点及案名。在现场发现嫌疑枪支后，先照相固定其原始位置，在枪支上仔细寻找发现并提取作案人遗留的痕迹物证，检查弹膛和弹夹内有无子弹、保险是否打开、枪机是否关闭等，然后用棉花堵住枪口，用软布把枪支包好放入塑料袋或是放入有软衬垫物的箱、盒内。当现场留有射击残留物的物体时，能提取原物的尽量提取原物。提取时不能抖动物体，也不能清扫、裁剪物体。

（三）胶带黏附法

胶带黏附法主要适用于光滑物体上的各种粉末显现和用烟熏法进行显现的手印、足迹的提取，也可用于灰尘颗粒较细小的平面灰尘足迹的提取。在使用胶带对痕迹物证进行提取时，应注意用手指、手掌将粘胶纸从一端推碾到另一端，胶带与承受物体之间不应留下气泡，然后把胶带轻轻揭下，再将其黏附在与粉末或成痕物质的颜色有较强反差的衬底上。现在还可直接用与痕迹物证颜色反差较大的凝胶类提取材料提取灰尘手印、足迹。

（四）静电吸附法

静电吸附法是指利用粉尘等绝缘介质在高压静电场的作用下，将承痕客体上形成痕迹的粉尘颗粒吸附到另外一种反差比较大的客体材料上，进而发现作案人遗留在现场的痕迹物证的一种物理方法。该方法主要适用于显现和提取水泥地面、地板、地毯、皮毛、纺织品等物体表面上的粉尘足迹、手印等，此外还可以利用真空静电痕迹提取仪来显现提取纸张、纺织品等物品上无灰尘或极少灰尘的潜在手印、足迹。

（五）制模固定提取法

该方法适用于现场立体痕迹的提取，主要是采用铸模的方法来提取现场与犯罪有关的各种立体痕迹。常用的制模材料有石膏、硅橡胶、硬塑料、石蜡、藻酸钠、橡皮泥、醋酸纤维薄膜等。

石膏制模法主要用于提取现场发现的立体手印、足迹、较大的工具痕迹等。在制模提取前要先对待提取的痕迹进行照相固定。制模时要考虑承痕客体的强度、渗透性等理化性质对制模效果的影响。

硅橡胶、硬塑料、橡皮泥、醋酸纤维薄膜等制模材料主要用于现场工具痕迹的制模提取。硅橡胶制模法提取的痕迹模型真实、细腻，操作简单，是常用的一种提取工具痕迹的方法，其适宜于提取现场不同面积、深度、形状的工具痕迹。硬塑料制模法，也称打样膏制模法，适宜于提取现场面积较大、深度较深的工具痕迹。橡皮泥制模法，也称软塑料制模法，适宜于提取现场浅而光滑的工具痕迹。醋酸纤维薄膜制模法，也称AC制模法，适宜于提取现场表浅工具痕迹，特别是提取金属客体上的线形擦划痕迹。

四、与犯罪有关的痕迹物品的包装与保管

对于在现场勘验、检查中发现提取的与犯罪有关的各种痕迹物品，在送检之前，为了保证鉴定结果的真实可靠，应当注意与犯罪有关的痕迹物品的包装与保管。

痕迹物品应分别提取，分开包装，统一编号，注明提取的地点、部位、日期，提取的数量、名称、方法和提取人，同时填写《提取痕迹、物证登记表》，写明物品、文件的编号、名称、数量、特征和来源等，由侦查人员、见证人和物品、文件持有人分别签名或者盖章。对于物品、文件持有人拒绝签名或者无法查清持有人的，应当在《提取痕迹、物证登记表》上注明。

（一）常见犯罪痕迹物品的包装与保管方法

1. 手印的包装与保管。

现场提取作案人遗留的手印后，应妥善地加以包装和放

置，以免损坏，导致其失去证据价值。对于用胶带黏附法提取的手印，应将其放入干净的纸袋或盒子中；对于采用制模法提取的手印模型，应将其装在硬纸箱内或木盒内，并用棉花、纱布等柔软物进行填塞固定。在每一个包装袋、盒、箱上，应在专门的部位贴上标签，注明案由、提取物的名称及提取时间、地点、方法，并应由专人负责保管。

2. 足迹的包装与保管。

对于从现场提取的足迹模型和留有足迹的物品进行包装时，应在模型、物品与箱体之间装填棉花或软纸，以避免模型和留有足迹的物品在运输过程中因在箱内滑动、碰撞、摩擦，而使足迹表面特征受到损坏。对于用静电吸附法提取的平面粉尘足迹，要将其装入带有一定间隙的纸箱或木箱内运送。对于留有犯罪足迹的物体，运输前，应在足迹表面铺上纸张，再用塑料薄膜将其覆盖，防止足迹表面特征被风吹掉或被擦蹭掉。在提取的足迹的整个保管过程中，应由专人负责进行。

3. 工具痕迹的包装与保管。

对于从现场提取的工具痕迹的模型和留有工具痕迹的物品进行包装时，要注意防止模型、物品同周围物品碰撞，以免损坏痕迹表面的特征，可以用棉花裹住或用纸包上装入盒内，注明提取人、提取时间和地点及案由，并应由专人负责保管。

4. 法医物证检材的包装与保管。

法医物证是生物类的物质，容易腐败发霉变质，从而失去检验鉴定的价值。因此，一切可能加速其霉变的提取、包装方法都应禁止使用，如采用塑料袋、密封容器等进行提取包装。在提取时，均应经干燥处理后包装，防止霉变，但不可曝晒或高温烘干，因为高温会破坏检材的生物活性组织。对于液体检材应将其放置于冰箱内或吸附液体后干燥保存。对于软组织检材，应将其冷藏或用10%的甲醛溶液固定后保存。提取的生物检材要按其物质特点，用不同的方法和包装物分别进行包装，常用的包装物有玻璃瓶和白纸。包装时，要分别注明物证的名称、数量、提取人、提取日期及案由。包装后应封闭盖印，并由专人负责保管。

5. 射击残留痕迹物品的包装与保管。

对于在现场提取的与犯罪有关的弹头、弹壳、实弹、枪支等应将其分别包装。包装时，应用洁净的软布、干布或棉花包裹，以防落入杂物、灰尘中。然后将其装入结实的箱或盒内，禁止散装、混装，严防损坏包装，并在包装物上注明案由、发现时间和地点、编号及提取人。在提取射击附带痕迹原物时，禁止将原物进行折叠，如衣服上附带痕迹应用分层软纸相隔。在提取的射击残留物的整个保管过程中，应由专人负责进行。

6. 微量物质的包装与保管。

与犯罪有关的微量物质需要利用灵敏度较高的精密仪器来检测，故在提取和包装检材时应防止污染。对于现场提取的与犯罪有关的微量物质，应将其分别装入干净的塑料袋、白纸袋或广口瓶内封装。禁止把从不同部位提取到的附着物质混装在一起。在包装时，切忌用旧报纸或破布包进行包装，以免造成这些包装物的原有物质与提取物相互干扰。对于附着在痕迹上的与犯罪有关的微量物质，在提取之前，不能在痕迹上进行模拟实验，更不能直接将工具与痕迹接触比对。同时还要注意防止显现手印用的各种金属粉末掺进附着物里，以免污染检材，从而失去检验的价值。此外，在现场提取的微量物质的整个保管过程中，应由专人负责进行。

7. 与犯罪有关的其他物品的包装与保管。

对于现场提取的与犯罪有关的其他物品，如作案工具、作案人遗留在现场的物品等，应分别将其放置于干净的塑料袋、白纸袋内，进行密封保存，并在包装物上注明案由、发现时间和地点、编号及提取人，并应由专人负责保管。

（二）包装与保管犯罪痕迹物品时应注意的问题

1. 包装与保管犯罪痕迹物品的方法应同其任务相适应。

选用犯罪痕迹物品包装与保管方法时，应首先弄清被保全的犯罪痕迹物品是用何种方式承载案件事实信息的，然后从有利于保存证据材料所承载的案件事实信息这一角度出发，选用适当的方法来进行保全。

2. 保全犯罪痕迹物品要全面。

犯罪证据材料是互相联系的，在保全某一犯罪痕迹物品时，如果不注意同时保全与它紧密关联的其他证据材料，则可能失去保全该证据材料的意义，被保全的证据材料也不能全面证明一个完整的案件事实。

3. 及时采取措施保全犯罪痕迹物品。

采取犯罪痕迹物品保全措施要及时，并做到不变质、不损坏、不丢失，力争保持证据材料的原样或原意，以充分发挥其证明效力。

第五节　现场痕迹、物品、文件的提取与扣押

一、现场痕迹、物品、文件的提取

1. 现场勘验、检查中发现与犯罪有关的痕迹、物品，应当固定、提取。

2. 提取现场痕迹、物品时，应当分别提取，分开包装，统一编号，注明提取的地点、部位、日期，提取的数量、名称、方法和提取人。对特殊检材，应当采取相应的方法提取和包装，防止损坏或者污染。

3. 提取秘密级以上的文件，应当由县级以上公安机关负责人批准，按照有关规定办理，防止泄密。

4. 提取现场痕迹、物品、文件应当填写《提取痕迹、物证登记表》，写明物品、文件的编号、名称、数量、特征和来源等，由侦查人员、见证人和物品、文件持有人分别签名或者盖章。对于物品、文件持有人拒绝签名或者无法查清持有人的，应当在《提取痕迹、物证登记表》上注明。

5. 《登记保存清单》一式两份，一份交给物品、文件持有人，一份连同照片或者录像资料附卷备查。

二、现场物品、文件的扣押

（一）扣押的对象

在现场勘验、检查中，应当对能够证明犯罪嫌疑人有罪

或者无罪的各种物品和文件予以扣押，对有可能成为痕迹物证载体的物品、文件，应当予以提取、扣押，进一步检验，但不得扣押或者提取与案件无关的物品、文件。对与犯罪有关的物品、文件和有可能成为痕迹物证载体的物品、文件的持有人无正当理由拒绝交出物品、文件的，现场勘验、检查人员可以强行扣押或者提取。

（二）扣押的程序要求

1. 现场勘验、检查中需要扣押或者提取物品、文件的，由现场勘验、检查指挥员决定。执行扣押或者提取物品、文件时，侦查人员不得少于二人，并持有关法律文书和相关证件，同时应当有见证人在场。

2. 现场勘验、检查中，发现爆炸物品、毒品、枪支、弹药和淫秽物品以及其他危险品或者违禁物品时，应当立即将其扣押，固定相关证据后，交有关部门处理。

3. 对应当扣押但不便提取的物品、文件，经登记、拍照或者录像、估价后，可以交被扣押物品、文件持有人保管或者封存，并明确告知物品、文件持有人应当妥善保管，不得转移、变卖、毁损。

4. 交被扣押物品、文件持有人保管或者封存的，应当开具《登记保存清单》，在清单上写明封存地点和保管责任人，注明已经拍照或者录像，由侦查人员、见证人和持有人签名或者盖章。

5. 对应当扣押但容易腐败变质以及其他不易保管的物品，权利人明确的，经其本人书面同意或者申请，经县级以上公安机关负责人批准，在拍照或者录像固定后委托有关部门变卖、拍卖，所得款项存入本单位唯一合规账户，待诉讼终结后一并处理。

6. 对不需要继续保留或者经调查被证实与案件无关的检材和被扣押物品、文件，应当及时退还原主，填写《发还清单》并一式三份，由承办人、领取人签名或者盖章，一份交物品、文件的原主，一份交物品、文件的保管人，一份附卷备查。

7. 对公安机关扣押物品、文件有疑问的，物品、文件持有人可以向扣押单位咨询；认为扣押不当的，可以向扣押物品、文件的公安机关提出申诉或者控告。

8. 上级公安机关发现下级公安机关扣押物品、文件不当的，应当责令下级公安机关纠正，下级公安机关应当立即执行。必要时，上级公安机关可以就申诉、控告事项直接作出处理决定。

9. 对于现场提取的痕迹、物品和扣押的物品、文件，应当按照有关规定建档管理，将其存放于专门场所，由专人负责，严格执行存取登记制度，严禁侦查人员自行保管。

（三）《扣押清单》填写要求

1. 扣押物品、文件时，当场开具《扣押清单》，写明扣押的日期和物品、文件的名称、编号、数量、特征及其来源等，由侦查人员、见证人和物品、文件持有人分别签名或者盖章。对于持有人拒绝签名或者无法查清持有人的，应当在《扣押清单》上注明。

2.《扣押清单》一式三份，一份交物品、文件持有人，一份交公安机关保管人员，一份附卷备查。

第六节 现场外围的搜索和追踪

一、搜索和追踪的概念

现场勘验、检查中，应当根据痕迹、视频、嗅源、物证、目击者描述及其他相关信息对现场周围和作案人的来去路线进行搜索和追踪。

二、现场搜索、追踪的任务

1. 搜寻隐藏在现场周围或者尚未逃离的作案人。
2. 寻找与犯罪有关的痕迹、物品等。
3. 搜寻被害人尸体、人体生物检材、衣物等。
4. 寻找隐藏、遗弃的赃款赃物等。
5. 发现并排除可能危害安全的隐患。
6. 确定作案人逃跑的方向和路线，追踪作案人。
7. 发现现场周边相关视频信息。

在现场搜索、追踪中，发现与犯罪有关的痕迹、物证，应当予以固定、提取。

三、现场搜索的步骤及具体方法

现场搜索工作是现场实地勘验工作的一个重要部分，完整的现场搜索应包括以下几个步骤。

（一）搜索前的准备

适当而有效的准备工作是顺利、圆满地完成现场搜索工作的重要前提；准备工作的好坏会直接影响到搜索工作的质量。一般来说搜索前的准备包括以下几项具体内容。

1. 确定参加搜索的人员，搜索目标、范围和重点。

在搜索人员的选择、确定上应以现场需搜索地域的大小、复杂程度为依据，但要注意凡是与案件有关的人员均不得参与搜索，以防其破坏、隐匿或伪造某些证据。明确搜索的目标、了解搜索的范围和重点也是现场搜索开展前的必要准备。

2. 搜索器材的准备。

现场搜索需要一定设备、仪器，此外通信工具、照明器材、打捞及探测器材也是特定环境下搜索必需的器材，若在范围较大的密林或是搜索时间较长时还应带上指南针、地图、帐篷、食品等器材物品。

（二）实施搜索

参加搜索人员按划定的搜索范围和每人或每组所分配到的区域和地段，采用一定的方法开始寻找发现痕迹、物品及其他与犯罪有关的事物。

（三）结束搜索

指挥人员和负责人员应根据现场搜索的时间和结果来决定是否结束搜索。结束搜索具体包括以下工作：汇总各搜索小组或人员的搜索情况；汇总各小组在搜索过程中所发现的痕迹、物品；提取并保存在搜索过程中发现的痕迹、物品。

第七节 人身检查

人身检查及尸体检验是侦查人员对与犯罪有关的人身或尸体亲临查看与检验，以发现和固定各种相关人体特征、状态、痕迹和物品的一种勘验、检查活动。其中，人身检查是为了确定被害人、犯罪嫌疑人的某些特征、伤害情况或者生理状态，对其人身进行检验、查看。

一、人身检查的主体

进行人身安全检查时，侦查员应当出示工作证件和县级以上公安机关开具的检查证。既要做到全面、仔细、确保安全，又要充分尊重被检查人的人格权和隐私权，不得采用损害被检查人生命、健康或贬低其名誉或人格的方法。办案民警不得少于二人。检查妇女的身体，应由女办案民警、女医生或被检查女性认可的其他女性工作人员进行。必要时，可以指派或者邀请法医参加。

《公安机关办理刑事案件程序规定》第二百一十二条规定："犯罪嫌疑人如果拒绝检查、提取、采集的，侦查人员认为必要的时候，经办案部门负责人批准，可以强制检查、提取、采集。"

二、人身检查的地点

在案发现场，侦查人员认为有必要进行人身检查的，应当就地开展人身检查。在办理行政、刑事案件过程中，对传唤、群众扭送、主动投案以及其他部门移送的违法、犯罪嫌疑人，首先由办案单位民警在人身检查室进行人身检查。

三、人身检查的内容

《公安机关办理刑事案件程序规定》第二百一十二条规定："为了确定被害人、犯罪嫌疑人的某些特征、伤害情况或者生理状态，可以对人身进行检查，可以提取指纹信息，采集血液、口腔拭子、尿液等生物样本。被害人死亡的，应当通过被害人近亲属辨认、提取生物样本鉴定等方式确定被害人身份。"这里的人身"特征"是指其人身上区别于他人的某些特有状态或标记；"伤害情况"是指其人身体上的某个部位受到损害的情况；"生理状态"是指其生理活动和身体器官的机能状况。

伤害情况检查是人身检查的一项重要内容。对人身检查应详细记录损伤的形状、部位、大小、数量，必要时需作精神状态检查；人身检查应当查明外部损伤和内部损伤情况，损伤的原因、性质和过程，身上附着物的种类，身体损伤与犯罪的关系，必要时应当查明被检对象的生理机能。

此外，在人身安全检查过程中，办案人员如检查出违禁品、危险物品（打火机、火柴、戒指、项链、钥匙、金属硬币、钢笔、油笔、佩饰等可能危害人身安全的物品）或管制器具，要及时封存。贵重的随身物品要邀请见证人当面核对清楚，用纸质保管袋将其装好标明后放入涉案物品暂存柜保存。必要时用执法记录仪拍摄整个过程。

四、人身检查的步骤

人身安全检查方法包括一般检查和全面检查。一般检查适用于轻微违法嫌疑人员。对聋哑人、吸毒人员，有自伤、自残、逃跑可能的人员，随身携带危险物品的人员，犯罪嫌疑人等，应实行全面检查。

（一）一般检查的基本步骤

1. 询问被检查人有无携带通信工具、违禁物品、作案工具等，责令被检查人自行逐一取出所有随身携带物品，将其放入专门的物品存放筐内，其中通信工具单独存放。

2. 使用金属探测仪对被检查人全身进行探测检查。

3. 通过看、拍、摸、捏等方式对被检查人进行检查，除去容易造成自伤、自残的饰物等。

4. 当面对被检查人自行交出的物品逐一进行检查。

（二）全面检查的基本步骤

1. 责令被检查人伸开双臂高举过头面向墙壁扶墙站立，双脚分开尽量后移，禁止其他一切动作。

2. 从被检查人的双手开始向下对衣领及身体各部位，采用金属探测仪以及徒手拍、摸、捏等方式进行检查，特别注意腋下、腰部、裆部及双腿内侧。

3. 指令被检查人逐一脱去衣裤、鞋袜、饰物。

4. 通过看、拍、摸、捏等方式当面对被检查人的衣裤、鞋袜、随身物品进行检查，特别注意衣领、袖口、衣角、衣物边缘、夹缝、鞋垫下等是否藏有可疑物品。

5. 卸除皮带、鞋带、领带、金属饰品等容易引起自伤、自残的物品。

6. 对被检查人的头发、口腔、腋下、肛门等可能藏匿可疑物品的部位，通过看、摸、捏及要求被检查人员下蹲、跳跃等方式进行检查。

7. 被检查人身体如果有包扎、绷带、石膏等覆盖物的，视情况揭开覆盖物进行检查。

8. 将检查出的可疑物品（尤其是凶器、赃物、毒品等），立即放置在远离被检查人的安全区域。

9. 责令被检查人自行穿好衣裤、鞋袜。

五、人身检查的记录

《公安机关办理刑事案件程序规定》第二百一十二条规定："检查的情况应当制作笔录，由参加检查的侦查人员、检查人员、被检查人员和见证人签名。被检查人员拒绝签名的，侦查人员应当在笔录中注明。"

制作《人身检查笔录》、人身检查相片或者对人身检查过程全程录像。制作刑事案件人身检查笔录的内容和要求包括：检查时间，检查地点，检查人员的姓名、工作单位、职位，记录人的姓名、工作单位、职位，检查对象（被害人、犯罪嫌疑人及相关第三人），检查目的（通过检查确认需要获取的对案件侦破有利的证据），检查证或者工作证号码，见证人基本情况，检查的过程和结果。

损伤检查情况应当在《人身安全检查登记表》上详细记录。检查中发现有伤情的，应详细记录伤情并拍照固定，询问被检查人伤情形成原因，由被检查人在笔录上签名确认。伤情较为严重的，应立即联系120急救中心并采取必要的先期救治措施。检查中发现有文身、伤疤、胎记等特殊体貌特征的，应详细记录。

第八节　尸体检验

勘验、检查有尸体的现场，应当有法医参加。尸体检验工作，应当由法医完成。尸体检验主要包括尸表检验和尸体剖验两个主要方面。现场勘查、尸体检验结束后尸体应按照相关规定处理。

一、尸表检验

尸表检验一般包括衣着检验、一般检验、尸体各部位检验等内容。检查和移动现场尸体前，应当对尸体的原始状况及周围的痕迹、物品进行照相、录像，并提取有关痕迹、物证。法医进入现场，观察、记录尸体所在位置、姿势、衣着和尸体现象、生理病理状态、血迹分布及伤痕的形状、大小和位置等情况。痕迹技术员配合法医提取尸体上容易丢失或破坏的有关凶器、血迹、毛发、烟头等生物物证，并根据需要捺印十指指纹和掌纹。照相、录像技术员对现场各类情况与各类痕迹物证加标志牌进行拍照、录像固定，对有关尸体位置、尸体现象、伤情分布、血迹分布等相关问题进行拍照、录像固定，并负责制作现场照片。要求见证人全程见证现场勘查过程，特别是重要痕迹物证的发现、提取、包装过程。

二、尸体剖验

（一）批准

《中华人民共和国刑事诉讼法》第一百二十九条规定："对于死因不明的尸体，公安机关有权决定解剖……"也就是说，为了确定死因，经县级以上公安机关负责人批准，可以解剖尸体。

（二）通知家属到场

解剖尸体应当通知死者家属到场，并让死者家属在《解剖尸体通知书》上签名并捺指印。死者家属无正当理由拒不到场或者拒绝签名或盖章的，在履行规定的审批程序后，也可以解剖尸体，但是应当在《解剖尸体通知书》上注明，并由两名办案人员签名。对于身份不明的尸体，无法通知死者家属的，应当在笔录中注明。

解剖外国人尸体应当通知死者家属或者其所属国家驻华使、领馆有关官员到场，并请死者家属或者其所属国家驻华使、领馆有关官员在《解剖尸体通知书》上签名或者盖章。死者家属或者其所属国家驻华使、领馆有关官员无正当理由拒不到场或者拒绝签名或盖章的，也可以解剖尸体，但应当在《解剖尸体通知书》上注明。对于身份不明的外国人的尸体，无法通知死者家属或者有关使、领馆的，应当在笔录中注明。

对于重大、疑难、复杂的案件，可能引起争议的案件，或者死者家属无正当理由拒不到场或者拒绝签名或盖章的案件，为确保取得良好的社会效果，公安机关在进行尸体解剖、开棺检验、死因鉴定时，应当进行全程录音录像，商请人民检察院派员到场，并邀请与案件无关的第三方或者死者家属聘请的律师到场见证。

（三）解剖地点

解剖尸体应当在尸体解剖室进行。确因情况紧急，或者受条件限制，需要在现场附近解剖的，应当采取隔离、遮挡措施，并严格遵守当地风俗习惯。

（四）解剖尸体的规范

尸体剖验包括颅腔检验、颈部解剖检验、胸腔脏器检验、腹腔解剖检验、脊髓解剖检验等内容。要严格按照《法医学尸表检验》、《法医学尸体解剖》、《机械性损伤尸体检验》、《机械性窒息尸体检验》、《中毒尸体检验规范》、《猝死尸体的检验》等行业技术规范操作。

（五）检材提取

提取血、尿、胃内容和有关组织、器官等检材，包装送检检材要严格按照《法医病理学检材的提取、固定、包装及送检方法》、《法医学物证检材的提取、保存与送检》、《中毒案件检材包装、贮存、运送及送检规则》等行业技术规范进行操作。

三、出具检验报告

法医负责填写尸体检验记录表、制作尸体检验报告书。检验人员根据尸体检验情况，制作《法医学尸体检验鉴定书》，反映尸体解剖、提取检材情况和检验鉴定意见。检验、解剖尸体时，应当照相、录像。尸体指纹和掌纹因客观条件无法捺印时需在相关记录中注明。对无名尸体的面貌，生理、病理特征，以及衣着、携带物品和包裹尸体物品等，应当进行详细检查和记录，拍摄辨认照片。对尸体损伤痕迹和有关附着物等应当进行细目照相、录像。尸检照片交法医编排，随尸检报告发放。对于身份不明的尸体，应当依照有关规定，将有关信息录入无名尸体信息库。

四、后期尸体处理

现场勘查、尸体检验结束后，对无存疑和无保留必要的现场和尸体，报刑侦部门负责人同意后通知事主处理。对无法通知或通知后死者家属拒绝处理的尸体，经县级公安机关负责人批准后可以按照有关规定及时处理，处理时应当备案并保留骨灰。对有存疑和有继续勘查必要的现场，可以整体或局部保留，指派专人看守，并及时复勘；对死因不明和凶器难定的尸体、无名尸体、碎尸块，应当暂时保存，并及时复验或请专家会诊。

对没有必要继续保存的外国人尸体，经县级以上公安机关负责人批准，应当立即通知死者家属或者所属国驻华使、领馆官员处理。对无法通知或者通知后外国人家属或者所属国驻华使、领馆的官员拒绝领回的，经县级以上公安机关负责人批准，并书面通知外事部门后，可以按照有关规定处理。

第九节 现场分析

按照《公安机关刑事案件现场勘验检查规则》要求，现场勘验、检查结束后，勘验、检查人员应当参与现场分析。

一、现场分析的内容

现场勘验、检查人员通过对现场调查访问、现场勘查情况进行综合分析，对作案人及特征进行刻画，为侦查破案提供方向。具体内容包括：

1. 侵害目标和损失。

2. 作案地点、场所。

3. 开始作案的时间和作案所需要的时间。

4. 作案人进出现场的位置、侵入方式和行走路线。

5. 作案人数。

6. 作案方式、手段和特点。

7. 作案工具。

8. 作案人在现场的活动过程。

9. 作案人的个体特征和作案条件。

10. 有无伪装或者其他反常现象。

11. 作案动机和目的。

12. 案件性质。

13. 是否为系列犯罪。

14. 侦查方向和范围。

15. 其他需要分析解决的问题。

二、现场分析需要注意的问题

现场勘验、检查人员综合现场访问、现场勘验情况进行现场分析时，应注意以下问题：

1. 分析的依据，必须建立在客观、真实的基础上。

2. 不要先入为主、主观臆断。

3. 结合现场访问、现场勘验、痕迹物证对现场情况进行反复分析研究。

4. 应以现场需要解决的主要问题、主要矛盾开展现场分析。

5. 现场分析时要善于倾听不同意见。

三、制作《现场勘验、检查情况分析报告》

对于现场分析形成的意见，应填写《现场勘验、检查情况分析报告》，但不随卷移交。

第十节　现场的后期处置

现场勘验、检查结束后，现场勘验、检查指挥员应决定是否保留现场。

一、对不保留现场的处置

一般情况下，现场勘验、检查工作已经完成，现场情况清楚，记录全面、准确，全部物证已经固定并提取，对勘验、检查工作无明显争议的，则现场可不予保留。

对不需保留的现场，应当及时通知有关单位和人员进行处理。

二、对保留现场的处置

现场情况仍然不明确，记录尚未完成，物证未全部提取，对勘验、检查结果仍有争议的，应保留现场，对现场进行复验、复查。

对特别重大的案件，保留现场对他人不会造成严重影响的，即使在勘验、检查结束后，各方面工作都已经完成的情况下，现场也应保留几天，以备因考虑不周而再次进行复验、复查。

对需要保留的现场，应当及时通知有关单位和个人，指定专人妥善保护。需要保留的现场，可以整体保留或者局部保留。

第十一节　现场的复验、复查

为了提升现场勘验、检查的质量，加深对犯罪现场的认识，防止或者纠正犯罪现场勘验、检查可能出现的差错，提高现场分析的准确性，可以通过现场复验、复查进行查漏补缺。

一、现场复验、复查的条件

现场的复验、复查是指对已经勘验、检查过的犯罪现场重新依法再次进行勘验、检查或者补充性勘验、检查。为解决现场勘验、检查中存在的矛盾点，进一步查清现场是否为犯罪现场，痕迹、物证是否与犯罪行为有关，也需要对现场进行复验、复查。在以下情况下必须开展现场的复验、复查：

1. 为了查明案件事实，上级公安机关认为有必要进行犯罪现场复验、复查的。

2. 上级公安机关在工作中发现下级公安机关在现场勘验、检查中存在漏洞、不足或者有差错的。

3. 案件重大、现场情况复杂、疑难和范围较大的。

4. 需要进一步从现场收集信息、获取证据的。

5. 初次勘验、检查中难以确定案件性质或者缺乏证据证明的。

6. 现场勘验、检查的情况与犯罪现场访问等侦查手段获得的信息不符的。

7. 现场勘验、检查的结果和犯罪嫌疑人的供述有较大差异的。

8. 人民检察院审查案件时认为需要对现场复验、复查的。

9. 当事人及其家属对案件性质的确定或者现场勘验、检查的结果提出疑义的。

二、现场复验、复查的实施

（一）现场复验、复查的主体

现场复验、复查应当由案件受理的部门及时组织负责之前勘验、检查的侦查人员具体实施。必要时，可邀请职能相同的外部刑侦部门的侦查人员或者聘请具有专门知识的人员参加。

（二）现场复验、复查的内容

现场复验、复查时，应当研究之前现场勘验、检查的对象、内容和结果，审查现场勘验、检查是否合法，现场勘验、检查是否全面，依据是否客观、真实，结论是否客观、准确，方法是否科学，进而明确现场复验、复查的重点、方式和方法。

（三）现场复验、复查应当注意的问题

1. 人民检察院要求公安机关现场复验、复查的，公安机关应当及时组织进行，可以通知人民检察院派员参加。

2. 上级公安机关认为需要现场复验、复查的，可以直接指令下级公安机关开展现场复验、复查。

3. 现场复验、复查获取的证据、线索，应当与之前现场勘验、检查的情况进行对照和综合分析。

4. 当事人及其家属对案件性质的确定或者现场勘验、检查的结果提出疑义的，组织现场复验、复查时，之前负责现场勘验、检查的侦查人员应当回避。

5. 现场复验、复查时，应当将现场复验、复查的情况制作成现场复验、复查笔录，并由参加现场复验、复查的人员签名或者盖章。

第五章　侦查实验

第一节　侦查实验的任务

一、侦查实验的概念

侦查实验是指为了验证与案件有关的情节或事件在一定的条件下发生的可能性、发生的过程或效果，而参照原始条件，将情节或事件加以重演或进行模拟的一项侦查活动。其中，为了验证或查明与案件现场有关的情节或事件而进行的侦查实验可以称之为现场侦查实验。本手册中的侦查实验主要指现场侦查实验。

二、侦查实验的具体任务

1. 验证在现场条件下能否听到某种声音或者看到某种

情形。

2. 验证在一定时间内能否完成某一行为。

3. 验证在现场条件下某种行为或者作用与遗留痕迹、物品的状态是否吻合。

4. 确定在某种条件下某种工具能否形成某种痕迹。

5. 研究痕迹、物品在现场条件下的变化规律。

6. 分析判断某一情节的发生过程和原因。

7. 其他需要通过侦查实验作出进一步研究、分析、判断的情况。

第二节　侦查实验的实施

《刑事诉讼法》第一百三十三条规定："为了查明案情，在必要的时候，经公安机关负责人批准，可以进行侦查实验。侦查实验的情况应当写成笔录，由参加实验的人签名或者盖章。侦查实验，禁止一切足以造成危险、侮辱人格或者有伤风化的行为。"

一、侦查实验的原则

侦查实验应当遵守合法、必要、客观、安全的原则。

（一）合法性原则

一是程序合法，实施须经县级以上公安机关负责人批准；二是实施主体合法，须由侦查人员主持并有两名以上侦查员参加，有见证人见证；三是结果形式合法，要形成侦查实验笔录，才能作为证据使用。

（二）必要性原则

侦查实验不能滥用，必要的时候才进行侦查实验。有充分证据的情况下，就不需要进行侦查实验。具有以下情形的，应当进行侦查实验。

1. 没有其他可靠、客观的证据证明犯罪事实，非经侦查实验难以查明的。

2. 无法通过采取其他侦查措施查明案件重要情节，需要运用侦查实验来印证的。

3. 已收集的证据不足以认定，需要通过侦查实验来排除的。

（三）客观性原则

实验条件和结果记录都要客观真实。

（四）安全性原则

实验不能造成他人人身、财产的损害，不能对参加人员造成伤害。

二、侦查实验的要求

1. 侦查实验应尽可能在发生案件或发生与案件有关事件的原地进行。如果原地不具备实验条件，可另选相同或相似条件的场所进行。

2. 侦查实验的时间、环境条件应与案发时间、环境条件基本相同。

3. 侦查实验使用的工具、材料应当与案发现场一致或者基本一致，必要时，可以使用不同类型的工具或者材料进行对照实验。

4. 条件许可的，类同的侦查实验应当进行两次以上。

5. 侦查实验必须遵守法律规定，尊重民族风俗习惯，禁止一切可能造成危险、有伤风化、侮辱人格的行为。

三、侦查实验的实施

（一）拟写《呈请侦查实验报告书》，报县级以上公安机关负责人批准

（二）制定侦查实验实施方案

侦查实验需要考虑的因素众多，为确保实验的顺利进行，必须在实施前制定方案，方案内容包括但不限于以下方面。

1. 明确目的。明确要查证的问题或事实，这是侦查实验的出发点。

2. 实施条件。要尽可能详细地掌握原始条件，逐条分析对结果造成影响的条件因素，确保有直接影响的条件因素与原始条件一致或尽量接近，如实施时间、地点。如果时间段对结果没有影响，可灵活安排；如果原地已无实验条件，或出于安全或保密考虑，要选择对结果影响最小的地点。同时温度、湿度、光线、风向、风力、雨量、雪量、云雾，以及

其他环境条件都应与原始自然条件接近。

3. 明确参加实验的人员及其分工。确定主持人，需参加实验的嫌疑人、证人、被害人；确定其他参与人员，如记录人员、安全警戒人员、后勤保障人员等。必要时还要考虑邀请专家、翻译人员等。

4. 实验必需的器材、工具和其他相关物品。

5. 确定实验的内容、步骤、方法。要根据实验的目的、内容，确定实验的步骤和方法，方法一般有求同法、求异法、求同求异共用法、共变法和剩余法等。

6. 实验的记录方法。一般要求文字、绘图、照相记录，必要时要同步录像、录音。

7. 侦查实验的安全保卫与警戒等。

（三）侦查实验的具体实施

1. 实验开始前，确保人员到位并明白岗位职责，确保设施器具功能正常。

2. 做好实验场地警戒，保证安全，保证实验顺利进行。

3. 进行中要听从指挥、密切配合，并注意记录预期的情节或结果。

4. 快速对结果进行评估，修正实验条件，确保结果稳定可靠。待结果稳定可靠后，须再次或多次重复实验。

第三节　侦查实验笔录的制作

现场侦查实验记录一般有笔录、绘图、照相、录像、录音及模型制作等形式，笔录是记录的主要形式，其他形式作为笔录附件构成现场侦查实验记录的整体。《刑事诉讼法》明确要求侦查实验的情况应当写成笔录，且侦查实验笔录是法定证据种类之一。

侦查实验笔录包括以下基本内容。

一、前言部分

前言部分的内容包括：侦查实验笔录文书的编号（编号规则为“×公刑实验〔20××〕××号”）；实施侦查实验的开始/结束时间；侦查人员和记录人员的姓名、单位；证人及其他参与人员身份信息；侦查实验的对象、案情摘要、目的（应当与《呈请侦查实验报告书》所述的目的一致）；侦查实验的地点、自然条件。

二、正文部分

正文部分的内容包括：侦查实验的实验条件、环境和使用器具等；侦查实验的内容、程序和具体的步骤；侦查实验得到的结果和从中发现的问题。正文最后要注明实验中完成的制图、照相、录像、录音等记录情况。

三、结尾部分

结尾部分即笔录的结束部分。此部分应注明本笔录之附件的数量及具体名称，应阐明笔录已向所有实验参加者宣读或已让所有参加者阅读，应有所有参加者的亲笔签名及必要的说明。

四、盖章

侦查实验笔录应当加盖办案部门的行政专用章，该章骑盖在侦查实验笔录文书编号处，多页应加盖骑缝章。

附件：

侦查实验笔录

×公刑实验〔20××〕××号

时间：____年____月____日____时____分

至____年____月____日____时____分

侦查人员姓名、单位：________________________________

记录人员姓名、单位：________________________________

当事人：____

见证人：____

其他在场人员：____________________________________

对象：____

事由和目的：______________________________________

____

地点：____

天气：阴□/晴□/雨□/雪□/雾□；温度：____；湿度：____；光线：____；风向：____；风力：____

过程和结果：____
____
____
____
侦查实验制图____张；照相____张；录像____分钟；录音____分钟
侦查人员：____
记录人员：____
当事人：____
见证人：____
其他在场人员：____

共　页　　　　　　　　　　　第　　页

第四节　侦查实验结果的分析评判

对侦查实验结果的分析评判，主要应从结果的可靠性和证据意义两方面进行。

1. 要分析侦查的组织实施是否正确，组织工作是否严密，参加实验人员是否认真履行了自己的职责，在实验中是否违反了侦查实验的规则，或有否在实验中发生偏差和错误的情况。

2. 要分析侦查实验的条件是否与案发时的条件相一致，实验时使用的工具、器材和物品等是否与案发时一致。

3. 要分析侦查实验的方法是否科学。实验程序、步骤和过程是否符合科学逻辑，实验中操作的力度、方向、角度和部位等是否与犯罪行为相一致，参加实验的专家的意见和结论是否存在分歧等。

4. 要分析参加实验的人员是否具备完成实验任务的素质。如知识水平、业务能力，以及有无因个人心理或生理特点及品质等方面因素影响实验结果的正确性等。

5. 要分析实验结果与其他证据的关系。如果实验结果是科学的、正确的，则必然能与其他侦查情况和有关证据相互印证，与其他证据材料形成一套完整的证据体系，从不同角度共同证明案件中的某种事实，体现与其他证据的一致性；如果实验结果与其他证据发生矛盾，就应进一步研究原因，认真核实甄别。

下篇　实务篇

第六章　几类案件现场勘验、检查要点

第一节　杀人案件现场勘验、检查要点[①]

一、概念

杀人案件现场是指犯罪嫌疑人故意地实施非法剥夺他人生命犯罪行为的地点和遗留与犯罪有关的痕迹、物品的一切场所。

二、特点

1. 现场一般遗留有被害人的尸体（或尸块、尸骨）。
2. 现场遗留有较多的痕迹物证。

---

① 本节中的杀人特指犯罪嫌疑人采用除枪击、爆炸、投毒、纵火等特殊手段方式致被害人机械性损伤或机械性窒息而死亡。

3. 个案特征性强。由于杀人工具及动机不同，现场反映的尸体损伤情况、杀人手段和过程也不尽相同。

4. 现场可能存在两种以上犯罪行为，动机隐蔽，需要注意犯罪嫌疑人隐匿动机等情况（比如抢劫杀人、强奸杀人）。

5. 现场容易遭到破坏。

三、原则

杀人案件现场勘验、检查应按照统一指挥、分工负责，快速反应、规范处置，生命至上、安全第一的原则开展。

四、任务

1. 查明案（事）件性质。
2. 查明死亡原因、死亡时间。
3. 查明被害人的基本情况。
4. 查明犯罪嫌疑人进出现场的路线，确定犯罪地点。
5. 查明犯罪嫌疑人数量、杀人的方法。

五、流程

杀人案件现场勘验、检查流程与一般刑事案件现场勘验、检查流程相似。具体可见图 6—1。需要注意的是，在刑侦部门到达杀人案件现场后，往往需要重新调整现场保护范围，划定勘验区域，并且重视现场的警戒，以防犯罪嫌疑人再次返回破坏现场等情况。

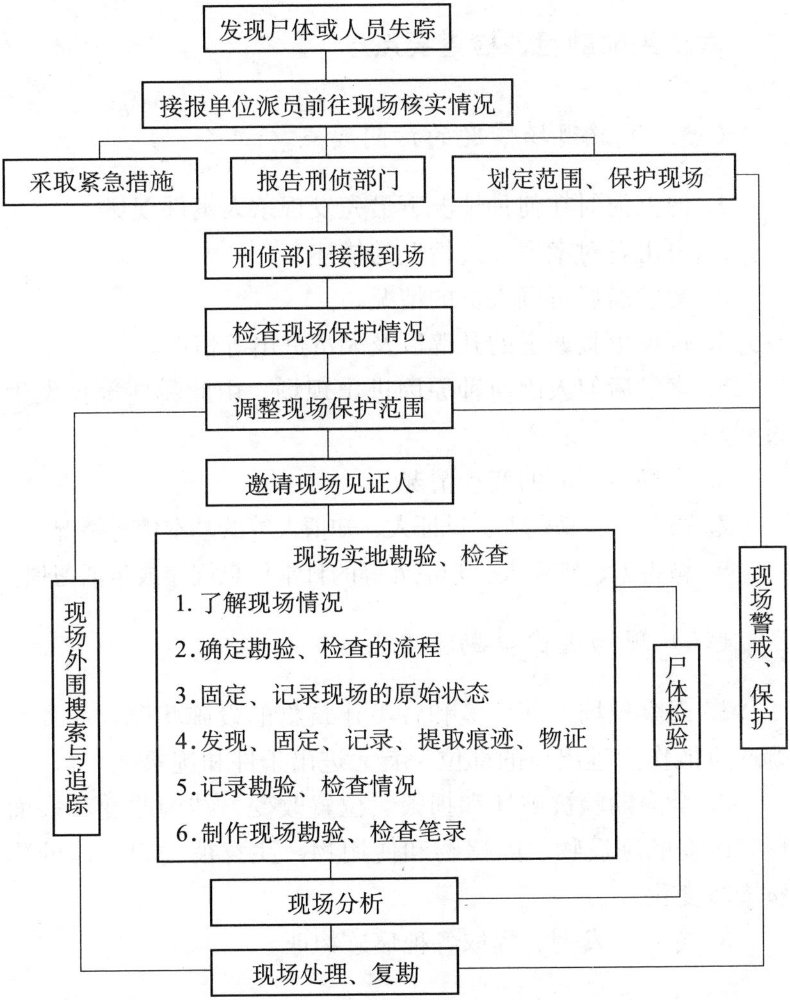

图6—1　杀人案件现场勘查流程图

此外，如杀人案件存在多处现场，应有序组织对第一现场、第二现场等多处现场的勘验，依次或同时进行勘验。

六、实地勘验、检查要点

（一）了解现场情况的访问要点

1. 何人何时在何种情况下最先发现杀人案件现场。
2. 目击者对案发经过情况的描述。
3. 案发前后可疑人员的情况。
4. 现场抢救通道的开辟以及人员进出等情况。
5. 案发后何人因何种原因进出现场，由此哪些部位发生过变动。
6. 现场中物品的变动情况。
7. 被害人、嫌疑人、见证人、知情人等的基本信息情况。
8. 被害人、嫌疑人、知情人等的日常作息规律或生活习惯。

（二）现场进出口勘验要点

1. 观察现场外部环境和各类建筑物的设施状况，注意有哪些可能作为进出口的部位，有无进出条件和迹象。
2. 全面勘验被破坏和损毁、位置改变、结构改变和表面形态改变的陈设物、障碍物和使用物，注意被侵犯物体的物质增减变化。
3. 寻找、发现、提取各种痕迹物证。

（三）现场摆放物品勘验要点

1. 查明现场摆放物品在案发前原来存放、保管、使用的情况及发现时的状况。
2. 全面勘验摆放部位和摆放物品。

3. 寻找、发现遗留的犯罪手印、足迹和其他痕迹物证。

（四）尸体勘验要点

1. 整体性静态观察尸体发现地点，注意尸体与周围环境的差异。研究尸体位置与周围环境关系，寻找有无反常现象。

2. 死者的表情、四肢屈伸情况。

3. 寻找尸体头发、口腔、鼻腔、耳腔、双手足指缝、指甲缝、腋下、会阴等部位的特殊附着物。

4. 寻找尸体周边的特殊附着物。

5. 尸体周围有无拖拽痕迹。

6. 尸体的包装物以及盛装物上的特殊附着物。

7. 衣着饰物以及随身物品数量、式样、新旧程度、完整性。

（五）血迹勘验要点

1. 在中心现场的尸体及周围的物品上寻找发现血迹。

2. 沿犯罪嫌疑人行动的路径寻找发现血迹。

3. 在中心现场的各种凹陷、缝隙处寻找发现血迹。

4. 在现场水源周边寻找发现血迹。

5. 在照明设施周边及相关部位寻找发现血迹。

6. 在现场空间内新鲜刮擦、粉饰部位寻找发现血迹。

7. 在现场特殊部位如植物叶子的下侧面等处寻找发现血迹。

8. 注意发现识别血迹内的其他物质。

9. 注意研究血迹的分布状态及形状。

（六）工具及遗留物勘验要点

1. 寻找和发现作案工具及其特征。

2. 发现并提取工具上遗留的多种痕迹物证（如指纹、生物物证、微量物证等）。

3. 在作案人停留、走动、躺卧、触摸、撬压、攀登过的地方及对被害人进行袭击、行凶处等地点，都要注意采用适当方法寻找、提取遗留物。

（七）现场外围勘验要点

1. 注意发现作案人在作案前后逗留、徘徊、隐藏、窥探的场所，寻找、发现作案人来去路线上可能遗留的足迹、交通工具痕迹、微量物证及其他物品，必要时进行警犬追踪和现场搜索。

2. 注意发现现场周边（如掩埋尸块、隐藏或抛撒物品等）毁尸灭迹处的相关遗留物、赃物或其他痕迹物证。

七、现场分析要点

以尸体、血迹、凶器为核心，通过各种依据、证据的关联性综合评判，展开分析。分析要点有如下几个方面：

1. 侵害目标和损失。
2. 作案地点、场所。
3. 开始作案的时间和作案所需要的时间。
4. 作案人出入现场的位置、侵入方式和行走路线。
5. 作案人数。
6. 作案方式、手段和特点。
7. 作案工具。
8. 作案人在现场的活动过程。

9. 作案人的个人特征和作案条件。

10. 有无伪装或者其他反常现象。

11. 作案动机和目的。

12. 案件性质。

13. 是否为系列犯罪。

14. 侦查方向和范围。

杀人案件现场具体的现场分析要点见图 6—2：

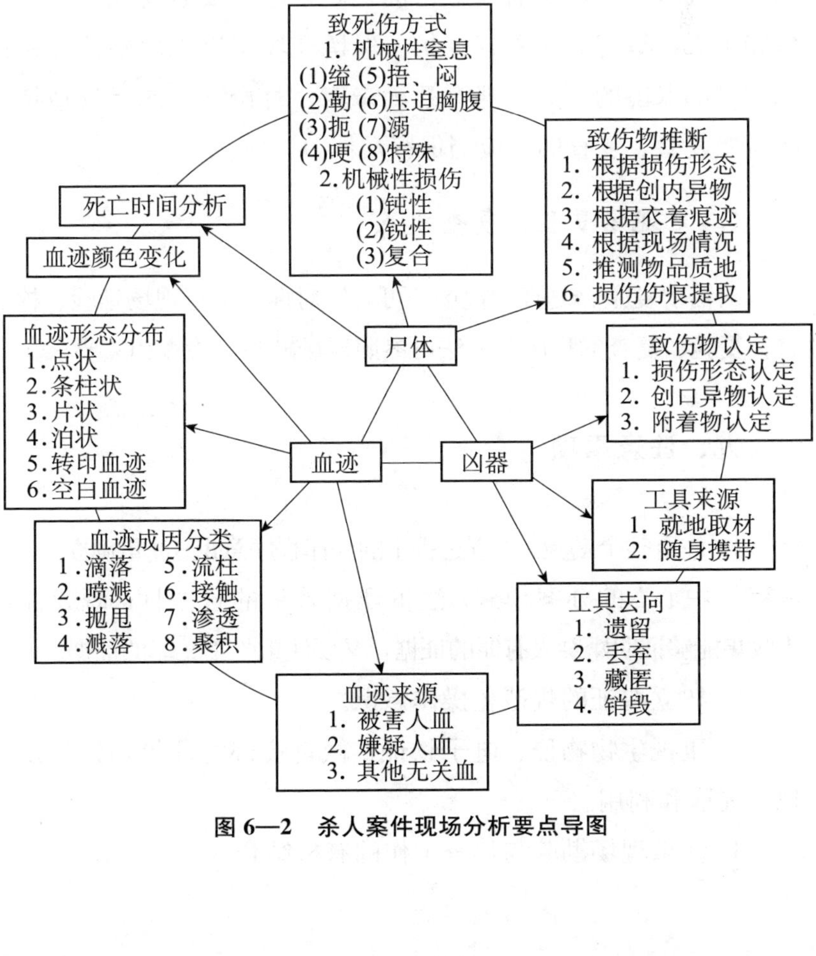

图 6—2　杀人案件现场分析要点导图

八、现场处理意见与复验、复查工作

（一）现场处理要点

现场勘验、检查结束后，现场勘验、检查指挥员决定是否保留现场。对不需要保留的现场，应当及时通知有关单位和人员进行处理。对需要保留的现场，应当及时通知有关单位和个人，指定专人妥善保护。保留现场可以采取整体保留或者局部保留的方式。遇有死因未定、身份不明或者其他情况需要复验、复查的，应当保存尸体。

（二）现场复验、复查要点

对需要复验、复查的现场，可有针对性地进行现场勘验、检查；复验、复查的程序与方法可参照现场勘验、检查相关要求。

九、注意事项

1. 注重整个勘验、检查过程中的法律程序意识；注重确立“以庭审为中心”的办案模式；注重证据采集的合法性；既要注重收集能够证明嫌疑人有罪的证据，又要注重收集无罪的证据。

2. 树立取证的规范化操作意识。

3. 重视生物物证、电子物证、微量痕迹物证等物证的发现、提取和利用。

4. 注重现场勘验与侦查工作的有机结合。

5. 发挥现场勘验信息的侦查导向作用。

6. 重视现场分析和现场重建，提高对现场犯罪心理痕迹的认识与应用。

第二节　爆炸案件现场勘验、检查要点

一、概念

爆炸案件现场是指犯罪嫌疑人利用爆炸方式，蓄意进行行凶报复、危害公共安全或进行破坏的现场。

二、特点

与一般刑事案件现场相比，爆炸案件现场具有范围大、遭受破坏严重、暴露性强、遗留有爆炸残留物等特点。

三、原则

爆炸案件现场勘验、检查应按照统一指挥、分工负责，快速反应、规范处置，生命至上、安全第一的原则开展。

四、任务

1. 查明爆炸时间，了解现场状况。

2. 确定爆炸部位即炸点，明确勘查范围。

3. 寻找提取爆炸残留物、抛出物及其他痕迹物证。

4. 固定现场痕迹物证，提供科学准确依据。

5. 勘验尸体、尸块，判明伤亡人员与爆炸的关系。

6. 分析复原爆炸现场，研究重建炸前状态。

五、流程（见图6—3）

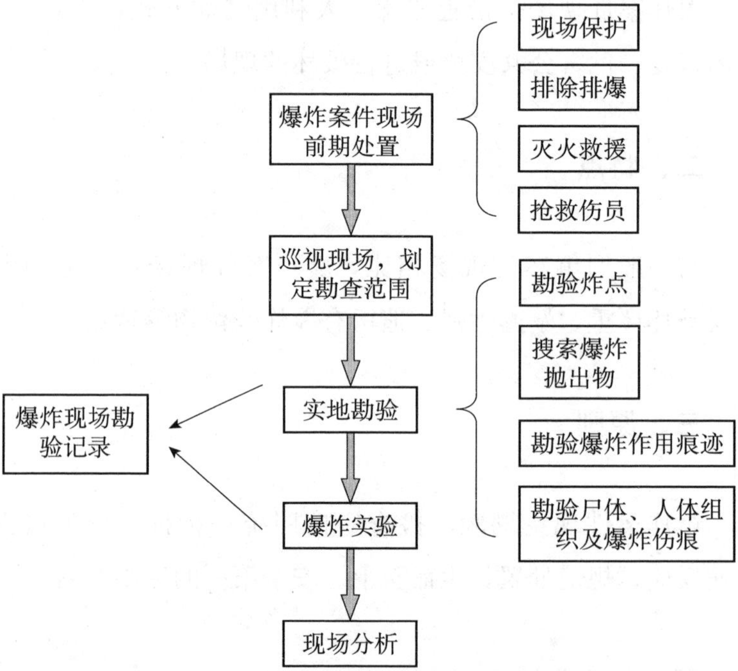

图6—3　爆炸案件现场勘查流程图

六、实地勘验、检查要点

（一）勘验炸点

勘验炸点应当注意记录其位置、形态及炸点周围高温高压作用痕迹、烟痕和气味，搜索、提取炸点附近的爆炸抛出物等痕迹、物品。地面有炸坑的，应当对炸坑进行清理，搜索、提取炸坑中的痕迹、物品，测量、记录炸坑的形状、直径、深度。

（二）搜索爆炸抛出物

用肉眼搜索、警犬搜索，借助金属探测器或磁铁等工具，沿抛射、打击痕迹挖找等多种方式搜索爆炸抛出物，集中后进一步筛选。搜索爆炸抛出物应当注意发现、甄别破碎严重、分布广泛的爆炸残片，并进而分析爆炸装置的结构组成，以及爆炸装置的炸药量。

（三）勘验爆炸作用痕迹

对重大爆炸案件现场进行勘验时，应当尽量多提取、保存中心现场的痕迹、物品，并由专人负责保管，以备复验、复查。

在爆炸案件现场勘验过程中，应及时、全面地提取爆炸尘土检材、烟熏痕迹检材、死者衣物检材、爆炸装置遗留物检材、空白尘土样本等各类检材和样本，并做好详细记录工作。

（四）勘验尸体、人体组织及爆炸伤痕

勘验爆炸现场时，法医专业人员应当重点做好下列工作：

1. 对伤亡人员进行人身检查或者尸体解剖，确定死伤人数，查明死伤原因，制作伤亡人员损伤示意图。

2. 查明伤亡人员炸碎伤、炸裂伤、冲击波伤、抛射物打击伤等损伤类型和程度。

3. 发现、收集、提取从创口中清理出的异物。

4. 提取现场受伤人员、失踪人员亲属以及现场尸体、尸块的生物检材并送检，进行个体识别。

5. 分析爆炸发生时伤亡人员所处位置、姿态，并结合爆炸装置结构分析伤亡人员有无可疑情况。

七、注意事项

1. 现场勘验、检查人员应增强安全意识，注意自身防护。

2. 现场勘验、检查人员在固定、提取痕迹、物品时，应当分别提取，分开包装，统一编号，注明提取的地点、部位、分区编号、日期、数量、名称、方法和提取人。对特殊检材，应当采取相应的方法提取和包装，防止损坏、污染。

3. 对位于公共场所、交通要道等地，不适宜长期封锁保护的爆炸现场，可在快速勘验后，以分区为单位将地面物品清扫集中，做好标记后逐区装袋转移，在合适的场所逐袋进行清理、搜索，以发现、提取有价值的痕迹、物品。

第三节 枪击案件现场勘验、检查要点

一、概念

枪械是指利用火药燃烧所产生的气体压力发射弹丸，以达到对被击目标的杀伤、毁坏效能，口径一般在20毫米以下的轻型射击武器。枪击案件现场系涉及枪械使用的案件现场。

二、特点

枪击案件现场具有生命体损伤重、范围大、社会影响大、遗留有枪弹痕迹等特点。

三、原则

枪击案件现场勘验、检查应按照统一指挥、分工负责，快速反应、规范处置，生命至上、安全第一的原则开展。

四、任务

1. 注意发现现场的枪支、弹头、弹壳、弹着点和射击残留物等痕迹物证，并予以固定、提取。

2. 分析枪、弹的种类、来源、特征等。

3. 分析射击方向、位置、距离等。

4. 分析枪支使用人的特征。

五、流程（见图6—4）

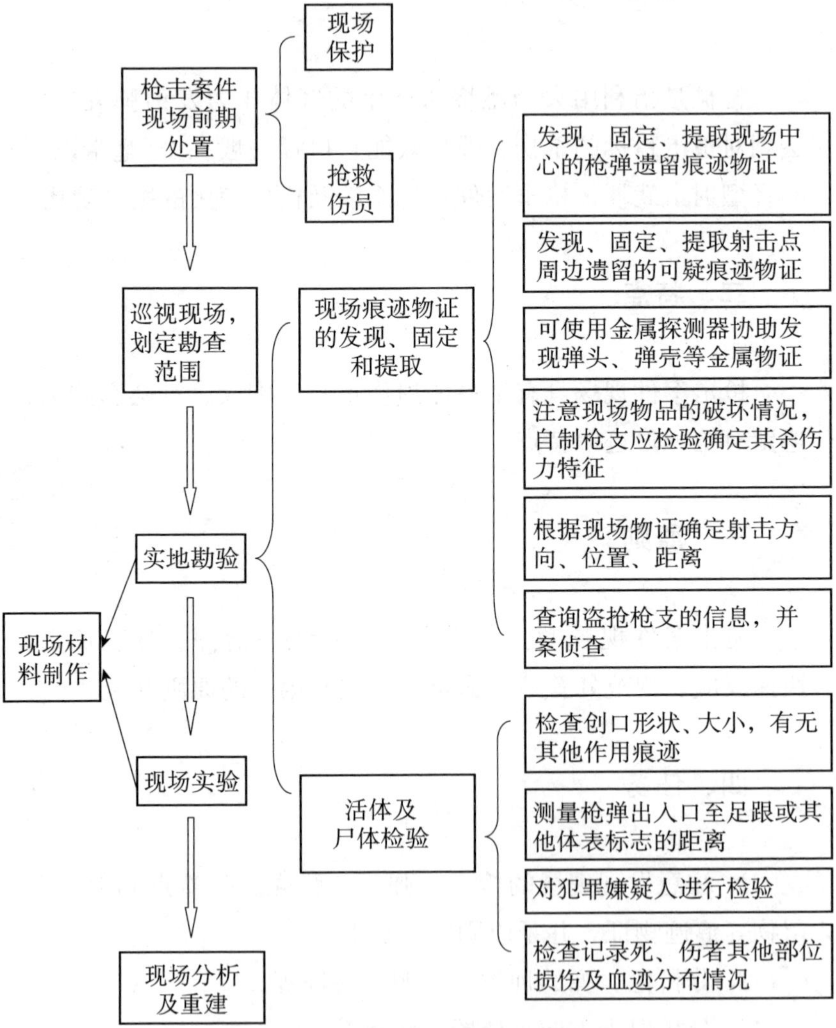

图6—4 枪击案件现场勘查流程图

六、实地勘验、检查要点

（一）现场痕迹物证的发现、固定和提取

1. 发现、固定、提取现场中心的枪弹遗留痕迹物证（如弹头、弹孔、弹片等痕迹物证）。重点拍照固定尸体上的枪弹出入口及其特征、犯罪现场遗留弹壳的特征及其分布状况与尸体之间的关系。如果犯罪分子从室外向室内射击，导致被害人伤亡，还应拍摄玻璃上的枪弹痕迹及其特征、室外足迹及弹壳分布，可通过摆放标牌等方式区分不同的拍摄对象。

2. 发现、固定、提取射击点周边遗留的可疑痕迹物证（如足迹、指纹、弹壳、烟头、枪支、唾液等痕迹物证），注意提取现场遗留的弹头、弹壳上脱落细胞等生物检材。

3. 必要时，可使用金属探测器协助发现弹头、弹壳等金属物证。

4. 注意现场物品的破坏情况，自制枪支应检验确定其杀伤力特征。

5. 依据弹着物体上的射入口、射出口及弹着点的特征，弹道走向，现场血迹的喷溅方向及弹着点射击残留物分布情况，确定射击方向、位置、距离。

6. 结合视频资料，在嫌疑人活动路线上发现提取痕迹及生物物证。

7. 及时查询盗抢枪支的信息，并案侦查。

（二）活体及尸体检验

1. 有条件时，尸体检验前应当拍摄全身正、侧位 X 光片，以辅助检验。

2. 枪弹击破的衣服，要对破裂口周围做重点保护，防止污染，浸湿的衣物应晾干后用物证袋包装送检。

3. 检查创口形状、大小，有无擦拭轮、挫伤轮，创周有无火药烟晕、烧灼痕、枪口印痕、弹杯印痕等。在未提取创周附着物前，不得擦洗创口，必要时提取创口周围组织（带皮肤）送检。

4. 测量枪弹出入口至足跟或其他体表标志的距离，探查创道方向，分别测量创道方向与机体的矢状面、横断面及冠状面的夹角，探查子弹穿过的部位及脏器的损伤情况。寻找盲管创的弹头、弹丸等，弹头提取不得使用金属器械。

5. 及时检查、提取射击嫌疑人双手、虎口部和衣袖等处的烟熏痕、烧灼痕、血迹及射击残留物等；在未检查、提取附着物前，要用塑料袋套住嫌疑人双手待进一步检查、提取。

6. 检查记录死、伤者其他部位损伤及血迹分布情况。

（三）枪击案件现场勘验记录

1. 现场勘验笔录：现场的方位及周围环境情况；现场中心的枪弹遗留痕迹物证（如弹头、弹孔、弹片）位置、大小、直径、重量及附着物特征；枪弹出入口位置、弹道走向及其特征；现场血迹的喷溅方向及弹着点射击残留物分布情况；射击点周边遗留的可疑痕迹物证（如足迹、指纹、弹壳、烟头、枪支、唾液等痕迹物证)。如嫌疑作案枪支遗留在现场，则还需记录该枪支的特征及弹膛、弹匣里有无子弹及子弹特征。记录可能为自杀的死者时，除按一般记录状态外，还需记录死者手上拇指与食指之间的虎口、手背、中指、手掌等部位射击残留物状态及分布情况；记录射击嫌疑人手上拇指与食指之间的虎口、手背、中指、手掌及袖口等部位射击残留物状态及分布情况。

2. 现场照相和录像：要全面反映枪击现场的方位、全貌、中心、细目的原始状态和具体特征，以及痕迹物证、人体组织的提取过程。

3. 现场绘图：现场勘验笔录、现场照相和录像、现场绘图均须按照规范要求制作，三者反映的内容要统一、对应，不能出现矛盾。

(四) 现场分析

枪击案件的现场分析主要是依据弹道学理论，在现场勘验和痕迹物证检验的基础上，分析射击方向、射击角度、射击距离、射击枪支、射击顺序等情况，进而分析案件的性质，明确究竟是他射、自射、流弹误射还是“走火”、“跳弹”造成的伤亡事件。

1. 他射的一般特点。

(1) 尸体上的致命伤是枪弹创，但现场没有发射枪械，或留有枪械但不能发射现场弹头、弹壳，或经认定该枪械不是现场发射枪械。

(2) 现场遗留的弹头、弹壳和弹着点不符合自射规律。

（3）现场留有多枚弹头、弹壳，尸体上有两处以上立即致命的枪伤。

（4）尸体上有两个以上射入口、射出口方向不同的贯通伤，且这些枪伤由被射过程中体位的自然转动造成。

（5）尸体上的枪伤不可能由本人形成。死者衣物上无近距离射击的痕迹，手部没有射击残留物。

（6）尸体上有挣扎、搏斗的伤痕。

（7）现场有被翻动、被窃等迹象或作案人留下的其他痕迹物证。

2. 自射的一般特点。

（1）尸体上只有一处可立即致命的枪弹创。

（2）弹道特点符合自射的动作。

（3）死者手上、身上、衣服上留有明显的近距离射击残留物。

（4）死者身上无挣扎、搏斗痕迹。

（5）现场留有发射枪械，且枪械多处于待发状态，枪械上留有死者的指纹。现场大多留有射击弹头、弹壳。

（6）现场一般门窗紧闭，只有由内向外的弹孔，没有由外向内的弹孔。

（7）现场没有被翻动、被窃等迹象或作案人留下的其他痕迹物证。

3. 流弹误射的一般特点。

（1）现场既没有发现罪犯留下的痕迹物证，又不具备自射的特点。

（2）除人体上留有枪弹创和射击弹头外，现场没有发射枪械和射击弹壳。

(3) 在发案时间，一定距离内有人朝着现场方向发射过枪弹。

(4) 在发射地点一般无法瞄准被害人，但根据弹道曲线规律，弹头可能飞到现场。

4. “走火”的一般特点。

(1) 肇事枪械机件陈旧松散，保险机件失灵，枪械处在一定状况下，可在拆卸、擦拭、触摸、碰撞等过程中引起“走火”发射。

(2) 枪弹痕迹分布状况符合无意击发的动作，现场无作案的迹象。

(3) 肇事人员的交代情况与勘验、检查、实验的结果相一致。

5. “跳弹”的一般特点。

(1) 枪弹入射角度越小越容易发生跳弹。

(2) 被击物较坚硬时以较小角度射击容易发生跳弹。

(3) 发生跳弹的弹头弧形部一侧易形成明显擦划痕迹。

(4) 发生跳弹的弹头擦划痕迹上易有附着物。

(5) 发生跳弹的弹头质量常会减少。

七、注意事项

1. 现场勘验、检查人员在固定、提取痕迹、物品时，应当分别提取，分开包装，避免污染，对弹壳、弹丸的提取不得使用金属器械。

2. 可适当扩大现场保护范围，勘验、检查人员应增强安全意识，注意自身防护，加强周围警戒。

3. 注意提取现场遗留的弹头、弹壳上脱落细胞等生物检材。

4. 结合视频资料，注意发现嫌疑人活动路线上遗留痕迹物证及生物物证。

第四节　涉火案件现场勘验、检查要点

一、概念

涉火案件现场是指涉及火灾损害的刑事案件现场，主要包括放火案件现场、杀人案件火灾现场、纵火损坏财物案件现场、失火案件现场、火灾责任事故案件现场五大类。

二、特点

与一般刑事案件现场相比，涉火案件现场具有以下特点：破坏性、暴露性；起火原因的复杂性、因果关系的隐蔽性；同类涉火案件现场具有多变性和具体涉火案件现场具有特殊性。

三、原则

涉火案件现场勘验应遵循统一指挥、分工负责、保障安

全、及时全面、结合实验、客观求真的原则。

实地勘验坚持先静观后动勘、先固定后触动、先表面后内层、先重点后一般、强化中心与顾全外围相结合的原则。

四、管辖

火灾现场勘验、检查管辖应坚持宁大勿漏的原则。首先，火灾现场破坏因素具有多元性，稍有不慎就容易导致证据的灭失，现场不及时勘验、检查，事后一旦发现存疑就很难进行弥补；其次，虽然失火、责任事故等案件不是由刑侦部门主侦，但刑侦部门同样存有配合调查的职责；最后，按照执法为民的理念要求，凭着对国家、集体、民众生命财产高度负责的精神，也应将成因不明的可疑火灾纳入勘验、检查管辖范围。具有下列情形的火灾，公安机关刑侦部门应当参加现场勘验：

1. 有人员死亡的火灾。

2. 国家机关、广播电台、电视台、学校、医院、养老院、托儿所、幼儿园、文物保护单位、邮政和通信部门、交通枢纽等社会影响大的场所发生的火灾。

3. 具有放火嫌疑的火灾。

五、任务

涉火案件现场勘验、检查的主要任务是发现、收集与案件事实有关的证据、调查线索和其他信息，复原火灾前现场状态，研究火灾发生、发展过程，确定起火部位、起火点及起火原因，挖掘引火物和引火工具，判明火场死伤与火灾关系，分析火灾性质，为涉火案件的侦查和诉讼提供线索和证据。

六、流程（见图6—5）

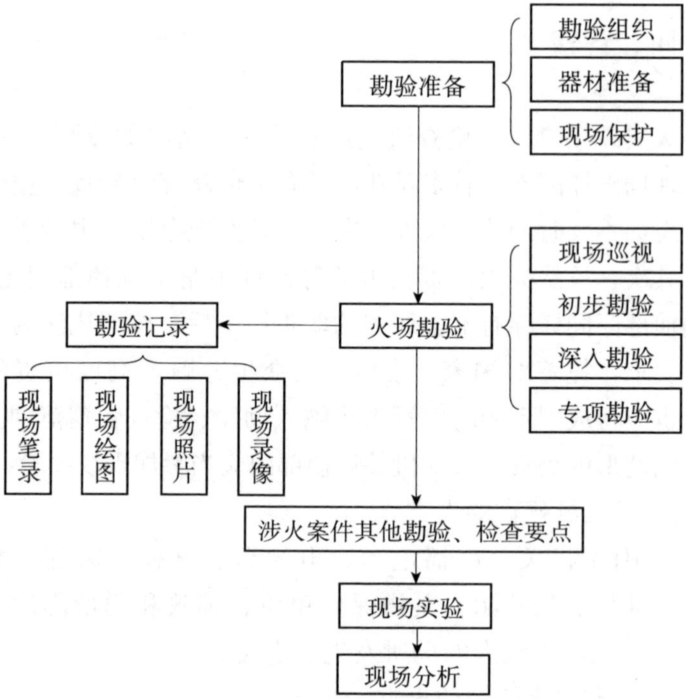

图6—5 涉火案件现场勘查流程图

七、实地勘验、检查要点

（一）勘验准备

1. 勘验组织。

现场勘验、检查组由刑侦部门（痕迹、理化、法医、照相、视频侦查等相关专业）、消防部门以及其他相关部门人员组成。

放火案件、杀人后纵火和纵火杀人案件、纵火损坏财物案件现场勘验、检查由刑侦部门主勘，消防部门配合。失火、火灾责任事故案件由消防部门主勘，刑侦部门配合。

2. 器材准备。

（1）火案现场实地勘验器材，包括火灾现场勘验、检查箱和照相、录像装备。

（2）视频资料、地理位置、通信基站等信息采集装备。

（3）火案现场个人防护装备及物品。

（4）物证物品包装材料。

（5）现场笔录、绘图材料。

3. 现场保护。

凡留有与案件相关的物证、与火灾有关的场所都应列入现场保护范围。涉火案件现场勘验人员到达现场后应及时对现场外围进行观察，确定现场保护范围并组织实施保护，必要时通知公安机关有关部门实行现场管制。

（二）火场勘验

涉火案件的火场勘验可以分为静态勘验和动态勘验，而动态勘验根据实际情况可采用剖面法、逐层法、复原法、筛选法和水洗法等。

1. 现场巡视。

涉火案件现场勘验人员到达现场后，应观察火场情况，向知情人了解有关火灾情况，在此基础上拟定勘验范围，确定勘验顺序。巡视的主要内容有：

（1）现场周围有无引起可燃物起火的因素，如现场周围的烟囱、临时用火点和动火点、电气线路、燃气和燃油管线等。

（2）现场周围道路、围墙、栏杆，以及建筑物通道、开口部位、进出口等有无放火或者其他可疑痕迹。

（3）着火建筑物等的燃烧范围、破坏程度、烟熏痕迹及物体倒塌形式和方向。

（4）现场周围有无监控录像设备。

（5）现场巡视的其他内容。

2. 初步勘验。

了解现场火灾前的原始状态、确定场内物品位置，通过观察判断火势蔓延路线，确定起火部位和下一步的勘验重点。主要内容有：

（1）现场不同方向、不同高度、不同位置的烧损程度。

（2）垂直物体形成的受热面及立面上形成的各种燃烧图痕。

（3）重要物体倒塌的类型、方向及特征。

（4）各种火源、热源的位置和状态。

（5）金属物体的变色、变形、熔化情况及非金属不燃烧物体的炸裂、脱落、变色、熔融等情况。

（6）电气控制装置、线路位置及被烧状态。

（7）有无放火条件和遗留的痕迹、物品。

（8）初步勘验的其他内容。

3. 深入勘验。

深入勘验要牢固坚持域层分明、隔离污染，逐层清理、逐层固定，根据燃烧痕迹、物品确定起火点的原则。主要内容有：

（1）起火部位内重要物品的烧损程度。

（2）物体塌落、倒塌的层次和方向。

（3）低位燃烧图痕、燃烧终止线和燃烧产物。

（4）物体内部的烟熏痕迹。

（5）设施、设备、容器、管道及电气线路的故障点。

（6）尸体的位置、姿态、烧损部位、特征，以及特别的死亡原因和性质、是否有非火烧形成的外伤，还有烧伤人员的烧伤部位和程度及形成机理。

（7）深入勘验的其他内容。

4. 专项（或重点部位、物证）勘验。

查找引火源、引火物或助燃物、起火物，收集证明起火原因的证据。主要内容有：

（1）电气故障产生高温的痕迹。

（2）机械设备故障产生高温的痕迹。

（3）管道、容器泄漏物起火或爆炸的痕迹。

（4）自燃物质的自燃特征及自燃条件。

（5）起火物、助燃物的残留物。

（6）动用明火的物证。

（7）需要进行技术鉴定的物品。

（8）专项勘验的其他内容。

（三）涉火案件其他勘验、检查要点

1. 进出口勘验、检查。

2. 现场陈设物品勘验、检查，注意物品移位、非火灾损坏和缺失。

3. 作案人在现场的遗留物。

4. 现场尸体勘验，注意是否存在避火逃生行为和路线及相关痕迹。

5. 尸体剖验和受伤人员伤检。

6. 来去路线勘验、检查。

7. 关联现场勘验、检查。

（四）涉火案件现场勘验记录

1. 现场勘验笔录：应简要清楚地反映火场的真实情况，客观地叙述各部分内容，重点是起火部位、起火点、现场陈设、痕迹物证提取扣押等情况。

2. 现场照相和录像：要全面反映涉火现场的方位、全貌、中心、细目的原始状态和具体特征，尸体现场状况，以及痕迹物证发现和提取过程。

3. 现场绘图：要重点突出起火部位，其他可选取主要的、有代表性的、与火灾有关联的物体、痕迹绘在图上。

现场勘验笔录、现场照相和录像、现场绘图均须按照规范要求制作，三者反映的内容要统一、对应，不能出现矛盾。

（五）现场实验

为了证实火灾在某些外部条件下、一定时间内能否发生或证实与火灾发生、发展有关的某一事实是否存在，可以进行现场实验。现场实验须根据调查需要，经县级以上公安机关负责人批准后实施。

现场实验应验证如下内容：

1. 某种引火源能否引燃某种可燃物。

2. 某种可燃物、易燃物在一定条件下燃烧所留下的某种痕迹。

3. 某种可燃物、易燃物的燃烧特征。

4. 某一位置能否看到某种情形或听到某种声音。

5. 当事人在某一条件下能否完成某一行为。

6. 一定时间内，能否完成某一行为。

7. 其他与火灾有关的事实。

实验地点应尽量选择与火灾发生时的环境、光线、温度、湿度、风向、风速等条件相似的场所。现场实验应尽量使用与被验证的引火源、起火物相同的物品。现场实验应照相，必要时可以录像，并制作现场实验笔录。

（六）现场分析

现场分析应当充分利用各类物证与信息，包括现场勘验所获取的信息、现场周围人员拍录的音视资料、周边监控视频、通信基站信息、现场电力用户信息、网络信息、其他电子物证。其中，火灾第一发现人（或报警人）的证言要慎重甄别后才能应用。

现场分析时火灾现场勘验人员应交换现场勘验和调查访问情况，将收集的证据和线索逐一进行筛选，排除无关、虚假证据和线索，通过分析认定火灾的主要事实。

现场分析的主要内容包括：

1. 有无放火嫌疑。

2. 火灾损失、火灾类别、火灾性质、火灾名称。

3. 报警时间、起火时间、起火部位、起火点、起火原因、引火物、蔓延次序。

4. 下一步调查方向、需要排查的线索、调查的重点对象和重点问题。

5. 是否复验、复查现场。

6. 提出是否聘请专家协助调查的意见。

7. 现场处理意见。

8. 火灾责任人。

9. 其他需要分析、认定的问题。

现场分析应做好记录。

下列情形为放火案件线索：

1. 尸体有可疑的非火灾致伤、致死特征。

2. 现场有来源不明的引火源、引火物、遗留物，或有迹象表明存在用于放火的器具、容器、攀爬工具等。

3. 建筑物门窗、外墙有非施救或逃生人员所为的破坏、攀爬痕迹。

4. 除了放火不可能造成两个以上起火点。

5. 监控录像记录有可疑人员活动。

6. 同一地区有相似火灾重复发生。

八、安全防护

现场勘验人员进入现场实地勘验，应全程注意查明以下可能的安全隐患，并及时予以排除：建筑物可能倒塌或高空坠物的部位；电气设备、金属物体是否带电；有无可燃、有毒气体泄漏，是否存在放射性物质和传染性疾病、生化性危害等；现场周围是否存在火灾引发的次生危机（如给排水、输油、供气等各类管道隐患等）；其他可能危及勘验人员人身安全的情况。勘验人员勘验现场时，应按规定佩戴个人安全防护装备。

九、几类特殊放火案件的现场勘验、检查要点

（一）交通工具放火现场勘验、检查要点

1. 针对交通工具的始发地、目的地和途经路线，应根据需要制定勘验方案。

2. 交通工具是否存在改装。

3. 交通工具玻璃破碎状态。

（二）工业建筑放火现场勘验、检查要点

1. 财产物品、生产设备火灾前后变化情况。

2. 工业建筑周围安防设备记录情况。

3. 是否存在延时点火装置。

（三）居住建筑放火现场勘验、检查要点

1. 物品是否有被翻动和移动的痕迹。
2. 可燃物位置变化。
3. 有无明显的破坏痕迹。

第五节　非正常死亡案件现场勘验、检查要点

一、概念

非正常死亡广义上指除疾病等生理健康原因以外的死亡，包括自然灾害性死亡、意外事故死亡、自杀性死亡、他杀性死亡等。本手册所称非正常死亡是指公安机关所称的除因疾病等生理原因自然死亡，一时难以判明死亡原因，或死者亲属有异议以及性质不明，并可能演化成为刑事、治安事故案件或社会事件的死亡。非正常死亡案（事）件主要包括高坠、中毒、烧死、缢死、溺死、割脉、电击和注射等“八类非正常死亡案”及其他死因性质不明案（事）件。

非正常死亡案（事）件的现场勘验、检查是指公安机关为查明非正常死亡原因和案（事）件的性质，运用刑事案件现场勘验、检查的一般规律和方法，结合非正常死亡案（事）件现场的特点，对相关的尸体、场所、物品、痕迹及人身进行勘验、检查的活动。

二、特点

与一般命案现场相比，非正常死亡案（事）件现场具有复杂性、多样性、隐蔽性、易破坏性等特点，同时该类案（事）件又易演变成群体性、涉法涉诉信访问题。

三、原则

非正常死亡现场勘验、检查应遵循规范处置、统一指挥、分工负责、客观全面、细致规范、及时高效等原则开展工作。

四、任务

1. 了解案（事）件的发生、发现情况及现场处置情况。
2. 确定现场的中心、外围及关联现场，明确勘验、检查范围。
3. 尸表勘验，确定尸源、尸体征象、损伤及痕迹物证。
4. 现场痕迹、物品、信息勘验，确定相关痕迹物证。
5. 检验尸体，提取生物检材，判明损伤形成机理。
6. 分析现场痕迹物证和尸体损伤情况，确定形成过程和致死成因。
7. 实验、重建现场，确定死亡过程及案（事）件性质。

五、流程（见图6—6）

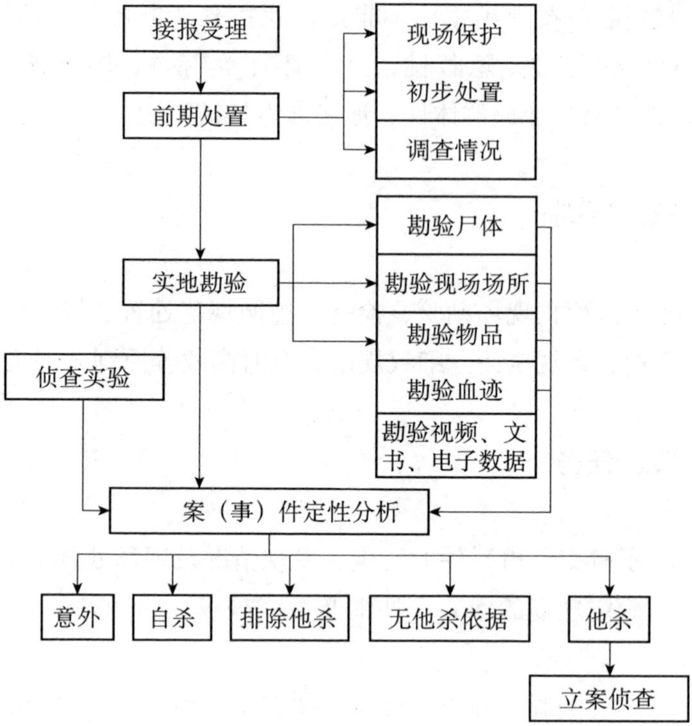

图6—6　非正常死亡案件现场勘查流程图

六、实地勘验、检查要点

（一）了解案（事）件发生、发现情况及现场情况

1. 案（事）件的发生及发现经过、目击情况、现场情

况、报案及前期处置情况，包括涉案人、事、物情况。

2. 死者姓名、性别、年龄、民族、家庭状况、健康状况、财物状况，以及死前的精神状态和随身物品、社会关系、爱好、活动场所等。

3. 对死者进行抢救的情况，当事人所处的时空关系；对案（事）件发生进行保护的情况，现场是否发生过变动。

（二）尸体检验

1. 勘验尸体所在现场。尸体所处现场环境、空间方位、位置，室内、室外（野外，如山地、公园、工地、道口、隧道、涵洞）、水（如江、河、湖、沟、渠）中、道路（如高架桥、公路）边、建筑物（如工地、施工现场、民居、公共场所）等；与现场物品相对方位、位置、距离。

2. 尸体衣着检查。衣服、鞋帽逐一检查，包括件数、品牌、大小、型号、类型、款式、质地、颜色、花纹、配饰、纽扣、新旧程度、特殊标记、缝补特征、磨损部位；破损、擦痕、血痕、印记、起毛、斑迹、脱线、衣兜翻动；微量物质（如油脂、泥土、粉尘、金属、纤维、矿渣）、植物等附着物。

3. 尸表检查。尸体相貌、姿势；尸体各部的异痕、异物；尸体的特殊气味，如酒精、农药；尸体组织的情况；观察记录尸温、尸斑、尸僵；生理特征、病理特征；尸体各部位，应从头至脚依次勘验并记录；要检查体表损伤部位、数目、形状、大小、颜色、方向及损伤内的异物与衣着破损位置的对应，手、口、足部、颈部的痕迹；捺印指纹、掌纹、赤脚足迹；发现提取尸体的附着物，特别是隐蔽部位如手掌内、指甲缝等部位的血迹、泥土、沾污物等附着物；怀疑有可能有性侵犯的，对尸体提取口腔、阴部、乳头及周围的擦拭物。

4. 尸体剖验。对损伤情况逐一进行解剖，确定损伤程度和损伤的形成状态、致死的伤与致死原因是否一致；对尸体各器官进行解剖检验，确定病理特征和征象及形成的状态；对尸体各器官进行解剖检验，确定毒理特征和征象及形成的状态；提取尸体表面痕迹、DNA，提取相关器官、组织和血液、胃内容物、尿液进行病理、毒化检验等。

5. 几种典型非正常死亡尸体的特征。

（1）中毒、注射死亡的尸体检验要注意观察尸斑颜色，测量左右瞳孔直径，检查尸僵强度、口腔黏膜和口周围皮肤有无腐蚀现象、口鼻腔内有无特殊气味，检查全身体表有无注射针眼、化学灼伤、毒蛇咬伤牙痕等，提取相关组织进行毒理检验。

（2）烧死的尸体检验注意是否有外眼角皱褶，角膜和结膜囊内有无烟灰和炭末及睫毛征候等，检验体表损伤情况并判断属生前或死后伤，解剖尸体并判断是否为烧死，提取可以用作个人识别的生物检材。

（3）缢死的尸体检验注意窒息征象及颜面部改变，缢沟位置与走行、数目、颜色、宽度与深度、有无特征性印痕、边缘有无出血与水泡、有无附着物等。

（4）溺死的尸体检验注意口鼻有无蕈样泡沫、结膜有无点状出血、手中有无抓握异物等，检验体表损伤，系统解剖尸体并判断是否为溺死，提取 DNA 检材做个人识别，必要时提取肺、肝、肾等内脏组织及现场水样做硅藻或异物颗粒检验。

（5）割脉的尸体检验注意割脉部位损伤特征，包括切割部位、有无试切创、切割方向、切割次数、切割深度等，同时检查全身有无其他损伤。

（6）电击的尸体检验注意详细检查尸体上有无电流斑、电烧伤等电流作用征象。

（三）勘验现场场所

1. 了解案发前的原始状况、现场来去路线和进出口情况，记录现场方位、现场内部状况、现场外部状况、周围环境情况。

2. 现场现象及状态：观察室内现场并记录房屋门窗的状态是开启还是关闭、锁具的闭锁状态；搜查室外现场尸体周围物体上的痕迹及遗留物、死者的来去路线、利用的交通工具，以及外围现场的痕迹物品，如足迹、指纹、烟头、食物等。

3. 可疑现场。

（1）高坠现场。高坠现场的勘验、检查即对起坠现场、坠落现场、坠落过程现场、死者生活现场的勘验、检查，重点是对起坠现场进行勘验、检查，对坠落起点与地面高度及尸体与坠落起点的水平位移距离进行测量。

（2）中毒现场。对于中毒现场注意查找毒物来源，采集剩余食物、饮料、药片、药粉或药水等，查看有无盛装过毒物的纸包、药瓶、碗、杯、注射器等，有无中毒者的呕吐物及排泄物（如有，记录分布位置）。怀疑气体吸入中毒的应注意检查有毒气体来源。

（3）烧死现场。对于烧死现场注意固定尸体原始体位，检验死者残存衣物及配饰物，必要时收集衣物残片以备检验。

（4）缢死现场。缢死现场注意记录尸体位置与现场环境的关系，测量悬挂点高度，寻找有无蹬踩物，固定缢死体位及缢型，检验缢绳、绳套及打结方式和部位。

（5）溺死现场。对于溺死现场注意寻找落水点，以及溺死者遗留在岸边的物品和痕迹，尸体检验注意记录衣着及体表特征。

（6）电击现场。怀疑电击致死的，首先切断电源再勘验、检查，固定死者位置与姿势，了解现场是否具备电击条件及电源电压和电流种类，配合电气专门技术人员检测电路、电器有无漏电及漏电原因。尸体检验注意检查死者衣物有无撕裂、烧坏，鞋底有无击穿，鞋底铁钉及随身携带的金属物有无熔化等电流作用现象。

（四）勘验物品

1. 生物检材：血迹、精斑、唾液斑、毛发、汗斑、尿斑、粪便、呕吐物、骨质、肌肉、脏器组织等。

药物毒物检材：药物、毒物、剩余食物、药物毒物的包装物、服用或注射用的工具、食物的盛装物等。

2. 工具物品：破坏工具、致死凶器、火具、电具、交通运输工具、通信工具、包装用品、垫脚物、攀登物、覆盖物及负重物。如电器、绳索、道具、棍棒、车辆、电话、打火机、石块、梯子、胶带、被子、袋子、携带物品的散落物等。

3. 微量物证：油漆、橡胶、纤维、泥土、粉尘、植物、羽毛等。

怀疑为有毒气体中毒的，注意对有毒气体的来源及现场通风情况进行检查，并采集有毒气体以备检验。

对于涉火案件注意收集引火物，寻找火源及带有纵火痕迹的物证，如装有油类的容器，浇有油类的木材、稻草、火柴、烟头等。注意发现有无如煤油、汽油等所散发的特殊气味。

（五）勘验血迹

1. 勘验出血点的位置及出血部位，确定出血的次数、方法，出血力的大小、方向、作用点。

2. 确定血迹的形成类型（如喷溅型、甩落型、溅落型、滴落型、流注型、擦拭型、转移型、浸染型、稀释型），观察有无血泊、血迹空白区及血迹叠加、潜血现象。

3. 出血点与血迹的关系：人或物所在的位置，出血的状态、数量，出血流血运动的方向、速度大小，血迹承载物与血迹形成的方向角度，遗留的状态时间及变化情况；确定血迹的形成方式，死者体位、状态、损伤顺序、损伤次数等，以及尸体是否被移动过。

（六）勘验痕迹

1. 人体形成的痕迹：人体（头部、四肢、臀部、躯干等）接触形成的痕迹、手印、足迹、牙齿痕、唇纹、耳纹等。

2. 物品形成的痕迹：涉案工具、车辆、分离物、穿戴物衣物、鞋帽痕迹等。

3. 动物痕迹：牲畜蹄迹、动物牙齿痕、爪印等。

（七）几种典型的非正常死亡现场

1. 烧死现场的火灾痕迹：

（1）记录痕迹载体、附着物、位置及分布。

（2）测量痕迹与其他物体的位置关系。

（3）观察痕迹形成的接触、碰撞、擦划动作，确定痕迹物证的位置、形成状态和方式、相互关系、形成主体与周围环境的位置关系。

（4）现场有无搏斗迹象。

2. 缢死现场痕迹：

观察悬挂点位置的高低、选择，悬挂处的痕迹，记录绳子打结的方法。

3. 高坠案件现场痕迹：

测量起坠点的攀爬痕迹的高度。

（八）勘验现场文书

1. 通信记录、遗书、日记、账单、书信、病历记录、车船票据、购物票据、开房记录、契约、留言、日历、工作计划，以及能够反映案（事）件发生的时间段、空间关系、人员关系、因果关系、财物关系的相关文书及碎片。

2. 死者生前的其他自然签名及笔迹。

（九）勘验声像资料、电子数据

1. 关于事发地周围、行走路线、相关工具购买地、居住地等的声像资料，通过视频发现的其他可疑的地点、人员、电话、物品等信息，网络传播、相关证人的声像资料。

2. 死者自拍的声像资料。

3. 电脑、手机里的资料，如个人网络空间、电子信箱、网络日志、工作计划、日历、网络交易记录、通信记录、上网情况等。

（十）现场实验

1. 实验目的：证实现场勘验和调查访问发现的某人或某痕迹物证及某事与非正常死亡案（事）件是否存在某种关系。

2. 实验步骤：实验方案（计划）确定、实验对象选择、实验用品准备、实验状态确立、实验实施、实验评估、结果产生、出具实验笔录。

3. 实验要求：必须合法、安全、可实施。按照实验方案（计划）逐一实施并进行记录（笔录、照相、录像），聘请见证人。

4. 实验结果：某人与案（事）件是否有关。某种痕迹物证与案（事）件是否有关，如果有关，在何种情况状态下形成；某种状态能否完成；某种痕迹物证形成的时间与其他信息推断的时间是否吻合；某事与案（事）件是否有关。

（十一）分析

1. 时间分析：通过调查访问情况、实地勘验结果、尸体检验结果、血迹、痕迹、物品、文书、声像资料、电子数据，推断确定案（事）件发生前的时间或时间段，包括准备时间、发生时间、死亡时间。

2. 时序分析：根据案（事）件发生的情况的先后顺序，划分行为阶段。

3. 案（事）件发生现场是否有其他人的痕迹。

4. 尸体发现地是否为原始现场，通过血迹、痕迹、物品、尸体等对应关系进行确定。

5. 有无反常迹象、是否发现可疑伪装的分析判断。

6. 心理状态的分析。

7. 死者生前分析：现场痕迹、物品、文书、声像资料、电子数据。

8. 寻找发现关联现场，分析判断各关联现场与案（事）件发生地点的关系。

9. 判断尸体损伤及致死的原因，确定工具、物品与损伤、致死的行为关系，判断非正常死亡、损伤为生前还是死后造成。

10. 还原案（事）件发生的过程：痕迹形成、血迹形态、物品变动，死者能否自行完成非正常死亡的相关行为。

11. 判明案（事）件性质。定性结果有自然死亡、自杀、意外、排除他杀、无他杀依据、他杀。对于定性为他杀的要开展立案侦查，对于自杀、意外、排除他杀、无他杀依据的要进行资料归档。

七、注意事项

1. 非正常死亡者是我国港澳台地区人员或涉疆、涉藏等少数民族的，应及时通报当地港澳台办、民宗委，并邀请其派员到场参与处置。

2. 非正常死亡者是外国人或疑似外国籍的，应立即核实死者身份，同时上报地市级公安机关和省级公安机关出入境管理部门，并按相关规定进行处理。

3. 怀疑因传染病、环境污染等原因而造成非正常死亡的，应及时通报当地疾控部门和卫生防疫部门。

4. 无法确认死者身份的，仍需按照处置未知名尸体的相关程序进行办理。

5. 体内毒物检验要注意多种毒物的混合。

第六节 盗窃案件现场勘验、检查要点

一、概念

盗窃案件现场是指犯罪嫌疑人以非法占有为目的、秘密窃取公私财物的地点。盗窃案件现场是刑事案件现场中最常见的一种。盗窃案件作案成员复杂，侵害目标广泛，作案手段多种多样，因此现场的表现形式存在较大的差异。

二、特点

1. 现场的出入口明显，多遗留有挖、撬，开锁、攀登等痕迹。

2. 作案的时机、地点以及进出口的选择和撬门扭锁的方法等能反映出作案人的习惯特点。

3. 作案手段常常伪装，现场多有变动。

三、现场勘验、检查的要点

（一）盗窃案件现场访问

盗窃案件现场访问的对象主要是事主、案件发现人、报案人、单位财物保管员及周围可能知情的群众，重点内容有：

1. 被盗财物及其保管情况。
2. 发现被盗的时间和经过。
3. 现场遗留的嫌疑工具和其他遗留物的来源。
4. 在一些家庭或机关单位财物被盗案件中，要注意了解当事人是否存在监守自盗的思想因素、经济背景。

（二）现场勘验

1. 勘验出入口。

（1）全面检查现场的整体状态。应先观察现场的（车）门、（车）窗、（围）墙壁、房顶有无遭破坏迹象，门前地面及门上有无足迹，门板内外侧的蹬、擦痕迹和附着物情况；房屋及围墙的外壁、阳台、排水管是否有攀登痕迹，是否遗留有攀爬绳索、垫脚物或相应的痕迹、物品。对门窗上的破坏痕迹，还应查明是否于案发前由某种原因造成。

（2）检查（车）门锁是否完好。包括：锁体、锁孔、锁扣的状态及痕迹、附着物情况。

（3）检查窗户、窗栏杆或栅栏的状态。观察窗户、窗栏杆或栅栏是否完好；窗下地面有无足迹；窗栏杆或栅栏被破坏的根数、状态；窗玻璃是否破碎及碎片的分布情况，上面有无痕迹、附着物；窗台上有无踩踏痕迹，窗子插销的状态及附着物。

（4）检查房顶及墙壁的状态。揭瓦入室的现场，重点观察研究揭瓦破顶的手段特征、洞口的大小、工具痕迹，以及洞口至室内外地面之间有无攀登痕迹等；从墙壁挖洞入室的现场，应重点观察研究洞口挖掘的手段和方向、洞口的大小，以及挖掘堆积物上有无踩踏痕迹及其中是否埋有可疑物品。

（5）注意发现反常情况。如进出口的破坏痕迹是否为室内形成的，破坏障碍物入室是否有室内人员的帮助，进出口大小与被盗财物或人体尺寸是否存在矛盾等。

2. 勘验被盗财物存放处所。

（1）寻找发现犯罪遗留的足迹，并结合现场情况进行甄别和分析。对地面上的成趟足迹，要根据其叠加情况、方向等判断犯罪嫌疑人在现场内的活动顺序，并结合其在室内的破坏情况，进一步分析其作案目标是否准确，是否对现场熟悉等。

（2）寻找发现犯罪遗留的手印。重点在犯罪嫌疑人触摸、翻找、移动的物品（物体）上寻找，要结合事主提供的有关情况进行观察研究，对发现的手印要当场与事主及在被盗场所生活的人员进行比对排除。

（3）仔细检查现场遗留的工具痕迹。一定要对发现的工具痕迹与在进出口发现的痕迹做比较，判断是否为同一类工具所留，同时要研究犯罪嫌疑人当时所处的位置、体位、姿势及撬压的方法、用力的方向和角度等，并从相应的部位寻找发现指纹、掌印和足迹。

（4）寻找发现犯罪遗留物。

（5）弄清现场哪些物体或物品发生了变化，研究其原因以及与犯罪活动的关系。

3. 勘验、检查现场外围。

现场外围是盗窃犯罪嫌疑人进出现场中心的必经之路。

（1）分别以出入口为起点，结合视频监控的情况，对作案人的来去路线进行分析，在沿途进行勘验。着重寻找攀爬工具、照明工具、交通工具，以及与现场相同的足迹和品牌相同的烟头、损失物、纸张等痕迹物证。

（2）对于被盗物品较重、周边有松软路面的现场，要注意在临近路边寻找有关的交通工具痕迹。

（3）对于盗窃家禽家畜案件，要注意在现场周边寻找发现毒镖、可能带毒物的诱饵等。如有就地宰杀的情况，应当对地面的血迹及遗留的内脏、绳索、套圈等进行勘验，注意发现足迹、车辆痕迹，有条件的可使用警犬进行追踪。

（4）对于外围关联现场的搜索和勘验，注意寻找发现移出保险柜撬压现场、作案人藏身地点、抛扔被盗物品处的手印、足迹、工具、食物及生物检材等。

（三）盗窃案件现场分析要解决的主要问题

1. 研究犯罪嫌疑人进入现场的方法是否反常。

2. 研究现场被破坏和被翻动的情况。

3. 研究现场遗留的各种痕迹。

4. 弄清犯罪嫌疑人的作案目标。

5. 研究犯罪嫌疑人的作案过程。

6. 确定实施犯罪的时间。

四、流程

勘验地面（提取足迹、DNA检材等痕迹物证）；勘验进出口（提取手印、工具痕迹、攀爬痕迹及DNA检材等痕迹物证）；勘验重点部位——犯罪分子翻动部位、丢失物品部位等（提取手印、工具痕迹及DNA检材等痕迹物证）；勘验一般部位——犯罪分子可能接触到的部位等（提取手印、工具痕迹及DNA检材等痕迹物证）；现场外围勘验、检查（提取手印、足迹、工具痕迹、攀爬痕迹及DNA检材等痕迹物证）。

第七节　抢劫案件现场勘验、检查要点

一、概念

抢劫案件现场是指犯罪嫌疑人实施抢劫犯罪的地点以及遗留有与抢劫有关的痕迹、物品的场所。

二、特点

1. 作案的具体地点有的不容易确定，现场范围较大。

2. 现场多留有与犯罪有关的痕迹和物品。

3. 抢劫犯罪成员低龄化。

4. 抢劫目标多样化。

三、原则

抢劫案件现场勘验、检查应按照统一指挥、分工负责，快速反应、规范处置，生命至上、安全第一的原则开展。

四、任务

1. 查明抢劫时间，了解现场状况。

2. 明确抢劫的具体地点、周围环境，确定勘查范围。

3. 确定作案工具，寻找提取手印、足迹、交通工具痕迹、视频资料、基站信息及其他痕迹物证。

4. 固定现场痕迹物证，提供科学准确依据。

5. 确定人员伤亡情况，勘验人体伤亡特征，判明伤亡人员与抢劫的关系。

6. 分析复原抢劫现场，研究重建抢劫前状态。

五、流程（见图6—7）

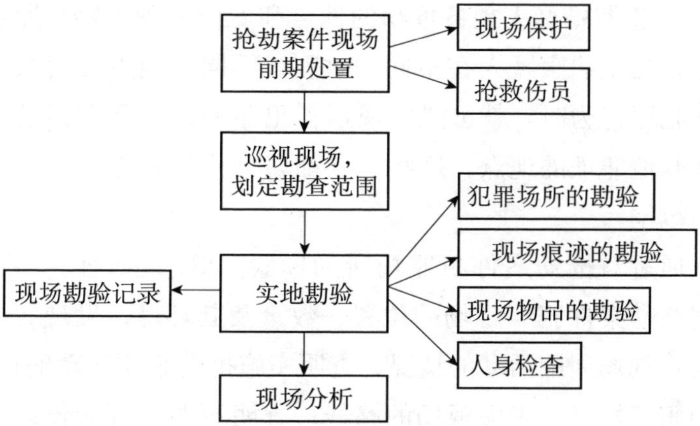

图6—7　抢劫案件现场勘查流程图

六、实地勘验、检查要点

（一）抢劫案件犯罪场所的勘验

1. 现场中心部位。现场中心部位是犯罪嫌疑人实施抢劫犯罪活动的主要地点。每个抢劫案件现场必定有中心部位存在，现场中心部位犯罪动作多、活动时间长，往往留有较多的痕迹物品，是现场勘验的重点。

2. 现场外围部位。现场外围部位是在现场中心部位周围或附近犯罪嫌疑人作案前后同实施犯罪行为有关联的活动场所。如犯罪嫌疑人为了实施抢劫行为而在现场周围潜伏、窥视、踩点、守候、等待时机的地点，犯罪嫌疑人抢劫后在现场周围抛弃或隐藏赃物和其他物品的地点，犯罪嫌疑人出入现场的路线等。

3. 犯罪嫌疑人预备抢劫的地点和专门处理赃物、罪证的地点。当犯罪嫌疑人在不同的时间、不同的地点分阶段实施抢劫犯罪行为时，就可能出现预备犯罪的地点和专门处理赃物和其他罪证的地点，这些地点都属于抢劫案件犯罪场所勘验的范围。

通过对抢劫案件犯罪场所的勘验，要求达到以下目的：查明抢劫案件犯罪现场的位置、数量及其环境；发现犯罪嫌疑人在现场周围活动的情况，查明实施抢劫犯罪活动的过程；查明犯罪嫌疑人来去现场的路线；查明犯罪嫌疑人侵入现场的方式及进出现场的道口；查明犯罪地点与犯罪嫌疑人的关系；查明现场的性质，即查明现场是不是犯罪现场。

（二）抢劫案件现场痕迹的勘验

抢劫案件现场痕迹是指与抢劫犯罪有关的、能证明案件真实情况的各种反映形象。其主要勘验范围如下：

1. 反映人体特征的痕迹。反映人体特征的痕迹是最常见的犯罪痕迹，如手印、赤脚印、牙印、唇印、指甲印、耳郭印及血迹、毛发等。

2. 反映交通工具的痕迹。反映交通工具的痕迹有车轮痕迹、车体痕迹、车辆支架痕迹、车辆滴落的液体形成的痕迹、车辆行驶过程中喷溅的水迹及泥浆痕迹等。

3. 其他痕迹。其他痕迹主要指整体分离痕迹、玻璃破碎痕迹、牲畜蹄迹、纺织品痕迹等。

通过对犯罪痕迹的勘验，要求达到以下目的：为检验鉴定提供检材；判断抢劫案件性质及其他案情；判断犯罪嫌疑人的个体特点、职业特点；判断作案工具的种类；排除与犯罪无关的人员留下的痕迹。

（三）抢劫案件现场物品的勘验

抢劫案件现场物品是指与抢劫犯罪有关的、能证明案件真实情况的各种物品。这些物品有的是犯罪嫌疑人遗留在犯罪现场或从现场带走的，有的是被害人遗留在犯罪现场的。其主要勘验范围如下：

1. 犯罪嫌疑人遗留在抢劫案件现场的各种物品。
2. 犯罪嫌疑人触动、翻动、移动、破坏和侵犯的物质客体。
3. 抢劫犯罪行为引起或造成的各种物质的变化。
4. 被害人遗留在现场的物品。
5. 抢劫案件犯罪嫌疑人携带、黏附的物品。

通过对抢劫案件现场物品的勘验，要求达到以下目的：查明哪些物品是犯罪嫌疑人留下的；查明哪些物品是被害人留下的；查明犯罪嫌疑人触动、翻动、移动、破坏过哪些物品；分析抢劫案件案情和犯罪嫌疑人的个体特点和心理特点；初步查明犯罪物品的种类、数量、成分、产地等。

（四）抢劫案件中的人身检查

人身检查分为对被害人的人身检查和对犯罪嫌疑人的人身检查。

1. 对被害人的人身检查。对被害人进行人身检查时，应征得被害人的同意。如果被害人不同意检查，侦查人员不得强制检查。

2. 对犯罪嫌疑人的人身检查。为了查明犯罪嫌疑人的有关情况，侦查人员应当对犯罪嫌疑人进行人身检查。如果犯罪嫌疑人拒绝检查，侦查人员认为有必要，可以强制检查。检查妇女的身体，应当由女工作人员进行，或者在女侦查人员主持下由医师进行。人身检查应当有见证人在场；人身检查的情况应当制作笔录，由参加检查的侦查人员、医师和见证人签名或者盖章。

通过人身检查，要求达到以下目的：人身识别；查明伤害情况；判明生理状态；查明在抢劫犯罪中是否实施了强奸犯罪等。

（五）抢劫案件现场勘验记录

1. 现场勘验笔录：应清楚地反映抢劫案件现场的真实情况，客观地叙述各部分内容，重点是尸体、现场遗留痕迹物证等情况。

2. 现场照相和录像：要全面反映抢劫案件现场的方位、全貌、中心、细目的原始状态和具体特征，以及痕迹物证的具体位置和提取过程。

3. 现场绘图：应制作现场方位图、现场平面图。

现场勘验笔录、现场照相和录像、现场绘图均须按照规范要求制作，三者反映的内容要统一、对应，不能出现矛盾。

（六）抢劫案件现场分析

抢劫案件现场分析要解决以下问题：

1. 查明案件性质。

（1）应仔细询问案发过程，防止有人谎报案件。

（2）弄清被害人的被害情况。

（3）要注意到现场去验证案件性质。

2. 研究作案过程。

3. 查明案发时间、地点和周围环境，以及被害人之间的关系。

4. 研究被害人的日常生活工作规律。

5. 了解掌握犯罪嫌疑人的有关情况。

七、抢劫案件现场勘验、检查的相关问题

抢劫案件的一个突出特点就是犯罪嫌疑人作案快、逃跑快和赃物转移快，因此应注重现场勘验、案情分析与紧急措施三位一体，同步进行。在迅速进行现场勘验、检查和现场分析的同时，勘验、检查人员应与追缉堵截人员密切配合，寻找犯罪踪迹，不失时机地采取追缉堵截等紧急措施，力求尽快控制作案人，防止犯罪行为连续发生。采取追缉堵截措施必须具备下列条件：

1. 根据现场调查和勘验可判断，作案人逃跑的时间不久、路线较为明确，有可能追捕截获的。

2. 作案人的体貌特征、衣着打扮、被抢物品和交通工具

特征明显，有利于识别的。

3. 在犯罪现场遗留有逃跑的足迹、交通工具痕迹，或视频资料、基站信息行踪明显，有可能进行步法追踪或利用警犬追踪的。

4. 作案人抢劫的财物数量巨大，物品特征明显，有利于辨认的。

5. 被害人能够指认作案人，能判明其去向从而可以进行堵截的。

第八节 强奸案件现场勘验、检查要点

一、概念

强奸案件现场是指违背妇女的意志，以暴力、胁迫或者其他手段强行与妇女发生性关系的行为，或者与不满 14 周岁的幼女发生性关系的行为所构成的案件现场。

二、特点

1. 现场地点隐蔽，避开人多的公共场所。
2. 受害人与作案人直接接触。
3. 现场常有受害人与作案人周旋搏斗的痕迹。
4. 现场一般无伪装，痕迹物证较多。

三、任务

1. 开展对受害人的询问工作。
2. 做好强奸现场以及外围现场的勘验工作。
3. 做好受害人及作案人的人身检查工作。
4. 全面提取痕迹物证和人体生物物证，固定证据。
5. 规范勘验资料的制作。

四、现场勘验、检查要点

（一）对受害人的询问

1. 案件发生概况。何时、何地、何由发生，作案人使用何手段等。

2. 作案人情况。作案人体貌特征、口音、气味及特殊标记（如文身、疤痕、疙瘩）。

3. 作案人作案情况。作案是否得逞及方式、方法。

4. 受害人反抗情况。作案人可能被抓伤、咬伤及存在其他损伤、衣着撕破等情况。

5. 是否伴有劫财情况及被劫财物数量和特征如何。

6. 作案人的逃跑路线。

（二）实地勘验

入室强奸案现场勘验要点：

1. 出入道的勘验、检查，发现作案人的痕迹物证。

（1）进出口的勘验，发现提取作案人进出现场的证据。

（2）注意观察现场环境，如房屋结构，判断进出口路线。

（3）检查门窗是否完好或关闭，有无破坏痕迹。

（4）围墙有无攀登痕迹。

（5）固定提取作案人遗留的手印、足迹和其他痕迹物证。

2. 中心现场的勘验，发现提取作案人实施强奸犯罪的证据。

（1）注意观察和勘验床单、被子、毛巾、枕头、草席上有无精液（斑）、毛发、唾液。

（2）注意发现提取现场作案后的遗弃物（卫生纸团、避孕套、毛巾等）。对现场的垃圾桶要仔细勘验。

（3）注意发现提取作案工具，如蒙面、捆绑用的物品。

（4）注意发现提取与作案人搏斗过程中遗留的纽扣、布片。

（5）注意观察现场物品的变动情况和反常情况，发现提取作案人遗留的痕迹物证。对作案人遗留在现场的手印、足迹和生物物证均要固定提取。

3. 外围现场的勘验，发现提取作案人作案前后蹲点守候及逃跑的证据。

（1）注意发现提取作案人蹲点守候时遗留的烟头、足迹、食物残渣、尿液、粪便等。

（2）注意发现提取作案人逃跑时遗留的足迹，逃跑时有无利用交通工具的痕迹等。

（3）视频监控的调阅。调阅作案人案发前后蹲点守候及逃跑路线经过的视频监控。

4. 绘制现场草图，完成勘验笔录草稿。

拦路强奸案现场勘验要点：

1. 确定强奸作案地点。

（1）受害人陈述。根据受害人陈述的具体位置，确认强奸作案地点。

（2）受害人指认。受害人到现场指认强奸作案地点。

（3）参照物确认。根据受害人提供的显著参照物的相对位置，确认强奸作案地点。

（4）作案人交代。根据作案人的交代，结合受害人的陈述，确认强奸作案地点。

2. 中心现场的勘验，即强奸实施地的勘验。

（1）作案人遗留的足迹，衣服印压布痕。

（2）搏斗痕迹。搏斗过程中，被受害人咬掉的舌头和耳朵、打落的牙齿、抓掉的头发、撕破的衣服等。

（3）生物物证。遗留的精液（斑）、阴毛、唾液，以及擦拭用的纸团、布块等。

（4）作案人遗留的工具。如捆绑的绳索、皮带、电线，堵嘴的毛巾、裤袜等。

3. 外围现场的勘验，发现提取作案人作案前蹲点守候的物证。

（1）注意发现提取作案人蹲点守候时遗留的烟头、足迹、食物残渣、尿液、粪便等。

（2）视频监控的调阅。调阅作案人案发前后蹲点守候及逃跑路线经过的视频监控。

4. 绘制现场草图，完成勘验笔录草稿。

（三）人身检查

1. 对受害人的人身检查。

（1）由女侦查员或医师进行。

（2）衣着检查。对受害人当时所穿衣物进行详细检查，注意发现提取衣裤上的精斑、毛发及其他附着物。

（3）体表检查。检查记录作案人对受害人使用暴力所产生的损伤。如有必要，对受害人的指甲内残留物也应提取。

（4）处女膜检查。对未婚女子，检查处女膜是否有新鲜破裂及破裂位置。

（5）提取被害人阴道擦拭物，乳头、阴部、脸部等部位拭子。

（6）提取受害人被性侵时所穿的衣裤，特别是内裤或内裤上的护垫等物。

（7）做好检查记录，完成检查笔录草稿。

2. 对作案人的人身检查。

（1）一般检查。观察记录作案人的体貌特征及其他个体特征。

（2）衣着检查。详细检查作案人作案时所穿衣物，提取可能与案件有关的痕迹物证，必要时对衣物实物提取。

（3）体表检查。检查记录作案人在作案时留下的损伤。

（4）采集作案人的相关生物检材，包括十指指纹及掌纹捺印样本、血液、唾液斑、阴茎擦拭物、指甲内残留物。

3. 做好检查记录，完成检查笔录草稿。

（四）勘验卷宗规范制作及信息录入

1. 规范制作现场勘验笔录、人身检查笔录。

2. 绘制现场图。

3. 现场照相和录像编排。

4. 将现场勘验信息录入“全国公安机关现场勘验信息系统”。

第九节　抢夺案件现场勘验、检查要点

一、概念

抢夺案件现场是指犯罪嫌疑人以非法占有为目的，乘人不备，公开夺取数额较大公私财物的案件现场。

二、特点

作为一种多发性侵财案件，抢夺案件具有如下特点：作案手段简单，行动迅速，作案人与被害人有一定接触时间但现场却不易遗留痕迹物证，即使留下又易受到人为破坏等。抢夺案件现场是勘验、检查难度较大的犯罪现场。

三、原则

抢夺案件现场勘验、检查应按照统一指挥、快速反应、

勘访结合、及时处置的原则开展。

四、任务

1. 查明案件性质，分清此罪与彼罪的界限。
2. 确定作案人实施抢夺时的暴力程度。
3. 确定抢夺行为所侵犯的对象。
4. 寻找提取固定现场痕迹物证，提供科学准确依据。
5. 分析研究抢夺案件的现场作案手段。

五、流程（见图 6—8）

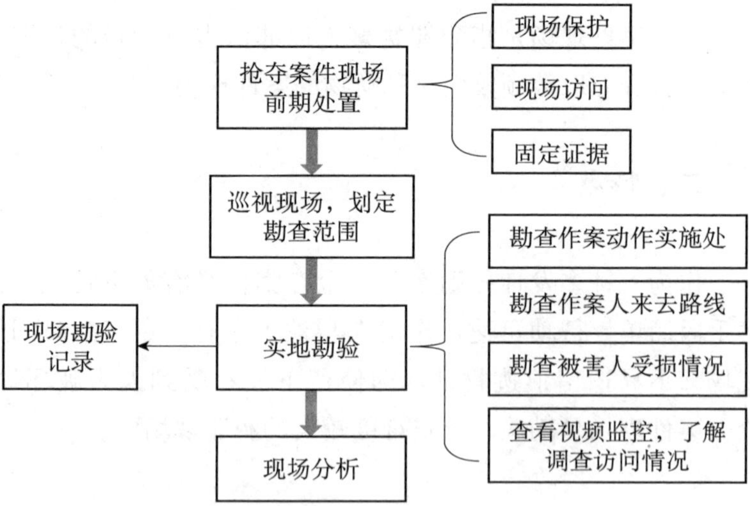

图 6—8　抢夺案件现场勘查流程图

六、实地勘验、检查要点

（一）勘验、检查基本情况

1. 确定实施抢夺的时间、位置。

2. 查明损失物品。

3. 寻找提取痕迹物证：手印、足迹、车辆痕迹，以及现场遗留的分离物、掉落物、被侵害物、工具等。

4. 测量痕迹物证的分布关系。

（二）勘验、检查作案人的来去路线

1. 确定作案人到达和逃离现场的路线或方向。

2. 顺迹追踪：结合监控、现场访问以及气味追踪等情况。

3. 寻找提取痕迹物证。

（三）勘验、检查被害人的受损情况

1. 确定抢夺行为所造成的人身伤害和其他财物损失：抢夺作为一种轻微的暴力行为，往往伴随着人身伤害和其他财物受损，确定被害人的受损情况与定罪量刑有直接关系。

2. 检查、固定受损情况。

（四）查看视频监控，了解调查访问情况

1. 查找现场视频监控：在现场勘验、检查过程中，注意

查找现场的视频监控并及时查看，以此指导下步勘验、检查重点或对现场进行复验、复查。

2. 了解现场调查访问情况：抢夺案件被害人与作案人有一定面对面接触时间，现场往往也有其他目击证人，勘验、检查现场时要关注调查访问的情况，及时掌握侦查进展。

（五）抢夺案件现场勘验、检查记录

1. 现场勘验、检查笔录：应简要清楚地反映现场的真实情况，客观地叙述各部分内容，重点是现场痕迹物证的分布、提取情况。

2. 现场照相和录像：要全面反映现场的方位、概貌、中心、细目的原始状态和具体特征，以及痕迹物证的提取过程。

3. 现场绘图：要重点突出现场中心部位、中心现场与外围现场之间的关系，以及痕迹物证的分布。需要绘制现场方位图、现场平面图等。现场勘验、检查笔录，现场照相和录像，现场绘图均须按照规范要求制作，三者反映的内容要统一、对应，不能出现矛盾。

（六）现场分析要点

1. 明确目的任务：汇集勘验、检查、调查材料，研究各种痕迹物证特征及与抢夺行为的关系，判断证言、陈述的真实性、准确性，确定案件性质，综合分析作案手段特点、作案人的个体特征等。

2. 了解分析内容：根据抢夺发生的时间、位置、环境和现场的痕迹物证、现场遗留物、人身及物品受损情况、被害

人陈述、证人证言等分析，内容包括：

（1）作案类型：判明是徒步作案还是借助交通工具作案，是室内作案还是室外作案。

（2）作案人数：判明是单人作案还是多人结伙作案。

（3）作案来去路线：判明作案人进出现场的路线。

（4）作案过程：判明作案人接近现场、实施作案、逃离现场的过程及使用暴力的程度，并由此造成的损害。

（5）作案人个体特征：判明作案人的人体特征、心理特征、伪装特征、职业特征等。

七、注意事项

1. 现场勘验、检查人员在固定、提取痕迹物证时，应当分别提取，分开包装，统一编号，注明提取的地点、部位、日期、数量、名称、提取方法和提取人。对特殊检材，应当采取相应的方法提取和包装，防止损坏、污染。

2. 对于抓获的嫌疑人，要及时进行人身检查，注意发现嫌疑人随身携带的工具、凶器、赃物等。

第十节　暴力恐怖案件现场勘验、检查要点

一、概念

暴力恐怖案件现场是指犯罪嫌疑人利用放火、爆炸、投毒、刀斧砍杀、棍棒打击、车辆碾压等多种暴力作案方式，

毁损公私财物、杀人、伤害无辜群众、制造广泛社会影响等带有政治图谋的案件现场。

二、特点

1. 现场范围大、伤亡人员多、受损部位分布广、多种伤害和破坏手段叠加、毁损程度严重等。

2. 案件多发生在公共场所，信息传播快，极易造成广泛社会影响与民众恐慌，现场勘验信息受到各级领导的高度关注。

3. 参与现场勘验、检查人员多，可能来自不同单位，须统一指挥协调。

三、原则

科学指挥、联合作战、分工明确，确保安全；快速反应处置，快速勘验、检查（现场保留时间短），快速恢复现场；全时空、立体勘验、检查，规范尸检、物证提取。

四、任务

（一）紧急任务

案件处置指挥部急需了解，现场勘验、检查组到现场后急需查明：

1. 被袭击破坏点有多少处。

2. 暴恐分子袭击手段、方式和人数。

3. 人员伤亡情况，包括暴徒、无辜群众、民警、协警等。

4. 财产损失情况（房屋建筑、公共设施、车辆等毁损情况）。

（二）中心任务

必须提取到能够证明整体暴恐袭击案的作案人数，每一个参与作案人的具体作案行为、过程、方式的证据，特别是个体识别证据，用证据澄清案件事实、应对媒体，为起诉审判打下坚实基础。

五、流程（见图 6—9）

六、实地勘验、检查要点

暴力恐怖案件现场的处置要根据实际情况制定勘验、检查程序，排险排爆往往与现场勘验、检查同步进行。

（一）确定勘验、检查范围，组织勘验、检查力量

1. 巡视整体现场，查明受损部位、伤亡人员、监控探头分布等情况，并做记录。

2. 确定勘验、检查范围，设置警戒线，疏散、清理警戒范围内的全部无关人员，对出入路口进行警戒。

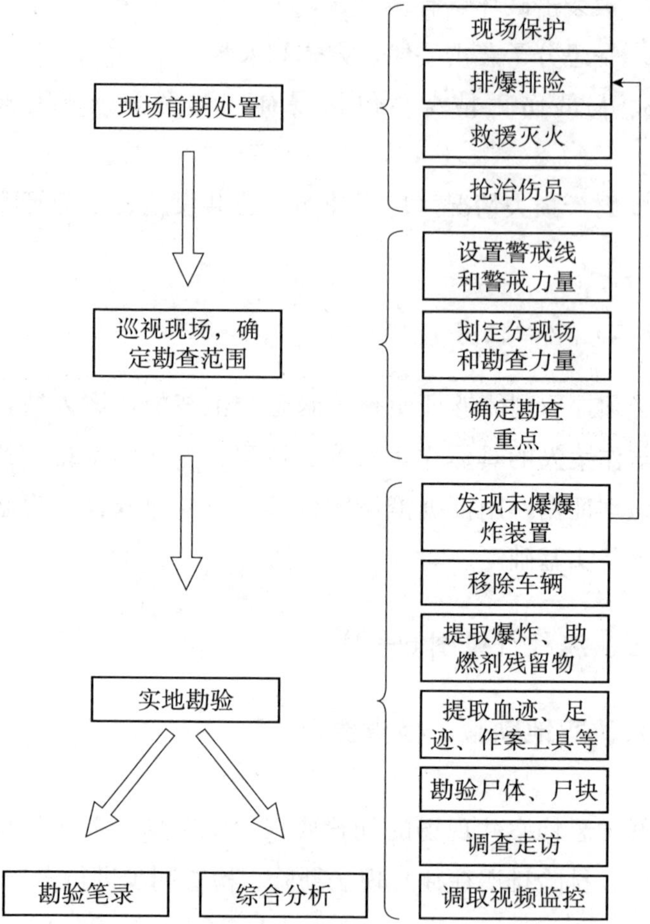

图 6—9　暴力恐怖案件现场勘查流程图

3. 爆炸现场应设置无线信号屏蔽仪。

4. 如现场范围大，被袭击点位多，按照“受害人员、物证相对集中”的原则，划定分现场。

5. 调配勘验、检查力量，明确职责分工。

实地勘验组：每个分现场实地勘验组不少于6人，应具备痕迹、照相、法医3个专业各2人。视需要配备DNA检测人员等其他技术人员。法医组：尸体集中检验，10具以内尸体至少需要3名法医。视频侦查组：根据现场实际情况确定。排爆除险组：由特警、消防救援等相关警种组成待命。勘验信息汇总组：及时汇总前述紧急任务、中心任务相关信息。

6. 根据不同类型现场，确定勘验、检查工作重点：尸体较多的现场，应以尸体为勘验、检查重点；爆炸案件应以爆炸装置及残留物为重点。部分案件中两者互有交叉。

（二）同步展开以下勘验工作

1. 紧急措施。

发现未爆爆炸装置，及时通知排爆部门排险。被毁损建筑、设施如存在可能危害勘验、检查的安全隐患则予以排除。涉及敏感场所，视情况予以临时遮挡。

2. 实地勘验。

（1）“刀斧砍杀、车辆冲撞”类案件现场，以尸体、作案车辆为中心，固定尸体位置，搜索、固定、提取血迹、足迹、现场遗留作案工具、物品、车辆冲撞痕迹。

（2）对现场遗留作案工具、足迹、物品等重点痕迹物证，务必遵守相关规范固定、提取。

（3）对于嫌疑人可能使用的车辆等大型物证，应在确保安全的前提下转移至专门场所详细勘验。转移过程中要做好整体防护，避免遗失物证。

（4）扩大搜索范围，发现更多的痕迹物证。

3. 尸体、受害人伤情检验。

(1) 尸体检验。

尸体(块)编号:编号要具有唯一性、统一性、一致性。手牌和胸部标示并用(二者编号一致)。当死亡人数较多、分散在多个分现场时,可在尸体(块)编号前加现场编号,如:1—1,1—2;2—1,2—2等。尸体(块)编号要延续到尸体最终处理完为止。

尸体定位:客观描述尸体的原始体位、姿态,拍录像固定,要有带有面部与胸部标示号的照片。其他按相关规范执行。

尸体包装、转运:尸体袋包装,尸体袋外编号标示与尸体一致。尸块的包装采取"先整后零"原则,先取大块,后取小块,分别包装,集中转运。

集中尸检:尸检小组由3名法医(1名记录,2名尸检)、1名照相技术员组成,按每个尸检组检验量不超过10具进行配置。尸检重点:损伤种类、部位要详细记录、拍照;提取尸体指纹、DNA样本。拍摄经擦拭清理后的尸体面部、体表特征、特殊随身物品照片。每具尸体出具一份死因鉴定意见书。

(2) 受害人伤情检验。逐一走访住院伤者,详细拍照记录损伤种类、部位、损伤程度。记录伤者身份、在现场所处的位置。提取DNA样本。

(三) 结合现场访问,综合分析

1. 明确目的任务。汇总实地勘验、尸体检验、受害人伤情检验、视频侦查、调查访问等信息，确定案件性质，研究各种痕迹物证与受害人、嫌疑人的关系。

2. 分析内容。

（1）侵害目标和损失：统计受害人员伤亡数量（无辜群众、民警等），毁损建筑物、房间设施、物品、车辆的数量、毁损程度。按现场分别统计、合计。

（2）作案地点、场所：按现场分别统计、合计。

（3）开始作案的时间和作案所需要的时间：结合现场访问、监控视频确定。

（4）作案人出入现场的位置、侵入方式和行走路线；作案用交通工具。

（5）作案人数：含直接参与作案、抓获、逃走、击毙等。

（6）作案方式、手段和特点：结合分现场及整体情况分析。

（7）作案工具：结合分现场及整体情况分种类统计分析作案工具的种类、特征及来源。

（8）每个作案人在现场的活动、作案过程。

（9）作案人的个人特征和作案条件。

（10）有无伪装或者其他反常现象：面具、头套、条幅、旗帜等。

（11）侦查方向和范围：具有极端思想、作案条件的群体。

（12）确定是否需要进一步勘验、检查现场。

（13）处理现场的意见。

（14）其他需勘验事项：有无犯罪嫌疑人居住、窝藏、聚集、准备犯罪工具等的关联现场，固定、提取相关物证。

七、注意事项

1. 暴恐案件的打击处理涉及《刑法》规定的重罪，相关法律、法规对死刑证据要求严格，现场勘验、检查人员在现场保留时间短的前提下，须树立“以审判为中心”、证据第一的观念。

2. 此类案件现场的特点决定各类痕迹物证的提取、包装按生物检材的提取规范，分别提取、分开包装、统一编号，避免损坏、交叉污染。要通过痕迹物证的检验鉴定（DNA、指纹、足迹、视频图像等），取得个体识别证据，建立各分现场犯罪嫌疑人、作案工具与受害人的证据对应关系，为侦查破案、审讯诉讼提供可靠的证据支撑。

3. 现场尸体、伤者需定时间、定分现场、定具体位置。尸体的编号、定位、包装、转运、集中检验、冰柜储存直至尸体处理全程清晰，可溯源。损伤检验要全面，损伤种类与实施作案人对应。

4. 现场勘验笔录、现场照相和录像、现场绘图均须按照规范要求制作，三者反映的内容要统一、对应，不能出现矛盾。

涉及爆炸、放火、枪击等不同手段的暴力恐怖案件，参照本章“爆炸案件现场勘验、检查要点”“涉火案件现场勘验、检查要点”及“杀人案件现场勘验、检查要点”等中的要求开展现场勘验、检查工作。

第十一节　故意伤害案件现场勘验、检查要点

一、概念

故意伤害案件现场是指故意非法损害他人身体健康的行为所构成的案件现场。

二、特点

1. 受害人与作案人直接接触，作案人往往已经明确。
2. 案发现场多为公共场所或开放现场。
3. 现场常有受害人与作案人周旋搏斗痕迹。
4. 人体损伤多为工具损伤。
5. 中心现场多伴有较多血迹。
6. 现场常有目击者。
7. 多为变动现场。

三、任务

1. 初步了解伤害情况（受伤人数、受伤程度），如受害人伤势较重，应及时送医救治。
2. 开展对受害人、目击者的访问工作。
3. 做好现场勘验工作，固定提取相关物证。
4. 开展受害人及作案人的人身检查工作。

5. 调阅现场附近的视频监控，为案件侦查提供线索和证据。

四、现场勘验、检查要点

（一）对受害人、目击者的访问

1. 案件发生概况。伤害行为的起因、具体过程等。
2. 作案人基本情况。
3. 作案工具。
4. 损伤情况及程度叙述。

（二）实地勘验

1. 划定勘验范围。根据具体案件情况，如血迹分布、物品丢落地点、人员活动范围等划定勘验范围。

2. 视情况采取警戒保护措施。

（1）警戒带。

（2）警示牌。

（3）专人值守。

3. 固定记录现场状态。

采用照相、录像、绘图和笔录的方式，对现场有关状况进行固定记录。

（1）现场所处的方位及环境。

（2）现场物品变动及损坏情况。

（3）现场血迹分布情况。

（4）作案工具及与案件有关的物品遗留情况。

4. 提取相关物证。

（1）现场血迹。

（2）作案工具及与案件有关的物品。

（3）与案件有关的足迹、手印及生物检材。

5. 调阅现场及周围视频监控。

6. 绘制现场草图，完成勘验笔录草稿。

（三）人身检查

1. 对受害人的人身检查。

（1）对女受害人，由女侦查员或医师进行。

（2）衣着检查。对受害人当时所穿的衣物进行详细检查，注意发现提取衣物上的血迹及破损痕迹。

（3）体表检查。检查记录作案人对受害人使用暴力所产生的损伤。

（4）伤情鉴定。符合伤情鉴定条件的，进行伤情鉴定，并出具人体损伤和程度鉴定书。

（5）做好检查记录，完成检查笔录草稿。

2. 对作案人的人身检查。

（1）一般检查。观察记录作案人的体貌特征及其他个体特征。

（2）衣着检查。详细检查作案人作案时所穿衣物，提取可能与案件有关的痕迹物证，必要时对衣物实物提取。

（3）体表检查。检查记录作案人在作案时留下的损伤。

（4）采集作案人的相关生物检材，包括十指指纹及掌纹捺印样本、血液。

（5）做好检查记录，完成检查笔录草稿。

（四）勘验卷宗规范制作及信息录入

1. 规范制作现场勘验笔录、人身检查笔录。

2. 绘制现场图。

3. 现场照相和录像编排。

4. 将现场勘验信息录入“全国公安机关现场勘验信息系统”。

第十二节　投毒案件现场勘验、检查要点

一、概念

投毒案件现场是指犯罪嫌疑人故意投放毒物，致人畜伤亡或使公私财物遭受重大损失的地点，以及遗留有与投毒犯罪活动有关的痕迹物证的场所。

毒物是指在一定条件下，以较小剂量进入生物体后，能与生物体之间发生化学或物理作用，导致生物体组织器官功能和（或）形态结构发生损害性变化，甚至引起死亡的物质。

毒物可以按照毒理作用进行分类，分为腐蚀性毒物、实质性毒物、酶系统毒物、血液毒和神经毒。也可按毒物的物理性质进行分类，分为挥发性毒物、非挥发性毒物、金属毒物、阴离子毒物和其他毒物。以毒物毒理作用方式为主，结合毒物的用途和来源，可将毒物分为腐蚀性毒物、金属毒物、

毁坏性毒物、脑脊髓和呼吸功能障碍性毒物、农药、杀鼠剂、有毒动植物、细菌和真菌性毒物。

二、特点

与一般刑事案件现场相比，投毒案件现场一般具有以下主要特点。

1. 有多个关联现场。投毒案件现场比较复杂，犯罪嫌疑人投放毒物，受害人接触毒物、出现症状和死亡常常不在同一场所，所以有时一起投毒案件会有多个关联现场。

2. 现场易遭到破坏。投毒案件现场暴露较为明显，案件一旦发生，常常很快就被群众发现，并对中毒者实施就地抢救或迅速将其送往医院，使现场发生变动或遭到破坏，与犯罪有关或无关的痕迹、物品往往会交杂在一起，甚至互相掩盖、重叠，使投毒发案现场变得十分复杂，大大增加了现场勘验、检查的难度。

3. 现场遗留有毒物。投毒案件现场往往遗留有毒物，常见的如中毒受伤或死亡的受害人，中毒的禽畜，毒物的残留物（吃剩的饭菜、喝剩的水等），受害人的呕吐物、排泄物，毒物的盛装物和包装物。

4. 因果关系较明显。投毒案件中受害人与犯罪嫌疑人之间存在着比较明显的关联性。主观上，犯罪嫌疑人与受害人之间大多存在明显的矛盾冲突，如仇恨、财产、经济、奸情、家庭及婚恋纠纷等，部分案件虽然矛盾关系不甚明显，但深究原因，仍能发现潜在的矛盾因素；客观上，犯罪嫌疑人与受害人之间有交往，存在作案的时空条件，多发生于家庭之内，邻居、同事之间。

三、原则

投毒案件现场勘验、检查应按照统一指挥、分工负责、侦技协同、快速反应、抢救伤员、封锁毒源、规范处置的原则开展。

四、任务

1. 现场处置。针对紧急情况，采取紧急措施；划定保护范围，封锁犯罪现场，维护现场秩序。

2. 现场访问。了解中毒人数，发生中毒的过程，中毒的轻重程度，中毒后的症状，有无中毒者死亡，可能的有毒食物及其来源；了解中毒者是否得到抢救，抢救过程，哪些人员参与了抢救等。

3. 明确勘验范围，确定勘验、检查顺序和重点。结合现场访问情况，巡视现场，划定勘验、检查范围；根据现场环境，确定勘验、检查顺序和重点。

4. 提取痕迹物证。寻找、发现、固定和提取痕迹物证，寻找毒物的盛装物和包装物，及时、全面地收集毒物检材。

5. 中毒尸体检验，包括尸体衣着检查、尸体尸表检查、尸体解剖检查、中毒尸体检材的提取等方面。

6. 相关人及处所的勘验、检查，包括对犯罪嫌疑人的人身检查、对犯罪嫌疑人住所的勘验、对中毒伤者的检查、对毒物来源的勘验、对电子物证的勘验等方面。

7. 现场分析。研究案（事）件性质，查明毒物的种类和进入体内的途径，查明投毒的地点及投毒方法，研究中毒过程，推断投毒的时间，判明投毒的动机，查明毒物的来源。

8. 及时送检毒物检材，以确定毒物成分及含量。

五、流程（见图6—10）

六、现场勘验、检查工作的要点

1. 现场处置。

（1）针对紧急情况，采取紧急措施。由于投毒案件现场的特殊性，所以在实地勘验前，必须根据现场的紧急情况，采取相应的紧急措施。如：对已中毒但尚未死亡的受害人和犯罪嫌疑人，应立即采取措施予以抢救，如果条件允许可在医院实施抢救前先抽取血样。对毒源要立即封锁，对污染区域要及时划定，并采取相应措施加以控制。对控制范围内的毒源和污染区域，及时勘验，提取必要的样本后应立即消除毒物。

（2）现场保护。投毒现场保护应设两层区域：第一层区域为中心现场保护区，一般分为室外现场和室内现场。室外现场指尸体及呕吐物所在位置；室内现场指室内门窗可隔断位置。此区域，除勘验、检查技术人员外，禁止任何人员在勘验、检查前进入。第二层区域为外围现场保护区，一般也

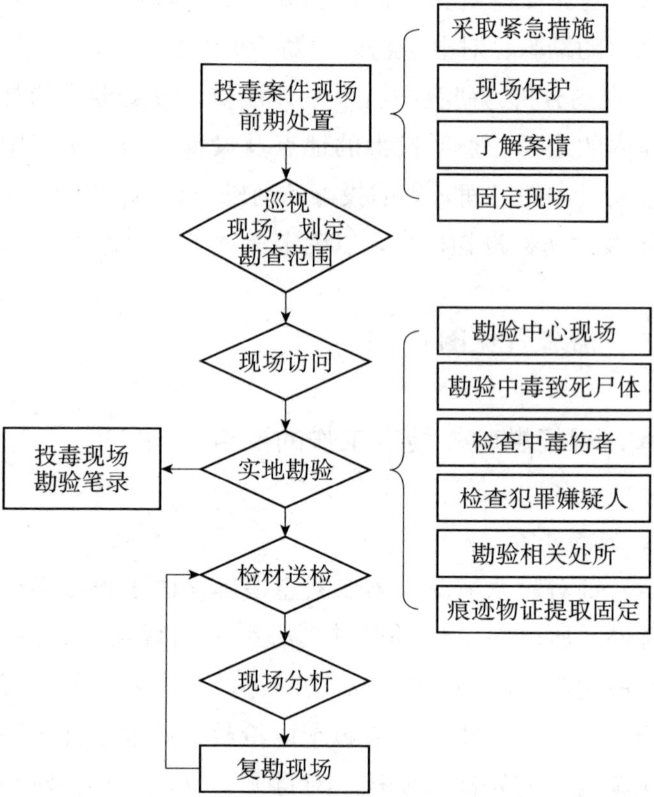

图 6—10 投毒案件现场勘查流程图

分为室外现场和室内现场。室外现场，距第一层保护区 10～20 米；室内现场，楼道或第一层保护区外 10～20 米。此区域内设立现场指挥部，负责协调指挥现场的各项工作，设立各级领导接待站，禁止围观群众及无关人员进入。对于有广泛社会影响的投毒案件，应设立第三层保护区，此区域内设立新闻中心，以接待媒体记者。

2. 现场访问。

(1) 案件发生的经过。受害人是否吃过或喝过有怪味、异味的食物或饮料，在何时吃过或喝过什么食物、饮料或药品等；什么时间感到不适，具体症状如何；案发后有哪些人到过现场以及做了些什么；受害人的具体症状及受害人在抢救过程中说过些什么话等情况；受害人数、症状轻重情况，有无死亡，死者死前症状、死亡过程和死亡时间；发案后，是否经过抢救，抢救过程以及哪些人员参加抢救。

(2) 受害人情况。受害人及其家庭成员的思想表现、经济状况、生活作风、平时为人等情况，是否有私怨或其他矛盾；发案前受害人的健康状况，是否服过某些药物，剂量大小，有无过敏反应，剩余的药物在什么地方；受害人有无接触毒物的条件及接触毒物种类；受害人家里有哪些毒物，平时放在什么地方及其来源。

(3) 其他可疑情况。发案前是否有可疑人到过现场；现场受害人或其他知情人对案发原因的看法，是否怀疑有人投毒，可能是谁，有何依据；发案前是否听到或看到什么异常情况；是否看到某人投毒；当地常用的农药及农用毒物有哪些，使用及保管的状况如何；哪些人到过现场及干了些什么；现场周围群众对该事件的看法和议论。

3. 要全面收集受害人（伤者和死者）的医院病历资料和各种辅助检查结果及医院的用药情况，包括疾控中心调查和检验结果。

4. 固定现场。技术人员对现场进行静态勘验时要立即对现场的物品进行固定，特别要对餐具摆放的位置、顺序以及餐具内的食物及其残留量进行准确细致的固定。

5. 划定勘验、检查范围，确定勘验顺序和重点。结合现场访问情况，巡视现场，划定勘验、检查范围；根据现场环境，确定勘验、检查顺序和重点。

6. 邀请见证人。邀请 2 名以上与案件无关、为人公正的公民作为见证人见证勘验、检查工作。

7. 寻找、发现、固定和提取痕迹物证。

（1）提取受害人的呕吐物、排泄物。观察呕吐物、排泄物的情况，如颜色、气味及含有的食物成分及其在现场的分布位置等，并分别予以记载和收集。在露天场所，上述呕吐物、排泄物等易被风吹、日晒、雨淋等自然条件所破坏，应用脸盆等覆盖，以备提取。注意现场有无清扫处理过呕吐物或排泄物的迹象。

（2）现场勘验应重点关注所有剩余食物、饮料、药片、药粉或药水等，提取所有可能盛装过毒物的纸包、药瓶、碗、杯和注射器等。对食物、饮料及药物要观察其一般理化性状，闻其有无特殊气味。注意发现玻璃杯、搪瓷缸、碗碟、酒瓶或药瓶上的指纹和生物检材。

（3）寻找装有毒物的器皿。提取盛饭菜的锅、碗、盆、勺、茶杯、油瓶、酒瓶、药罐等，以及犯罪嫌疑人抛弃或隐藏的残余毒物、毒物包装物和其他物品。

（4）寻找现场的痕迹物证。注意观察发现提取犯罪嫌疑人可能遗留的足迹、烟头、纸张、塑料袋或其他遗留物。

（5）寻找现场遗书等物证。现场有无遗书、信件、日记、手机、电脑等可从中了解中毒者近期思想动态的资料，分析其有无自杀动机或被毒害致死的因果关系和经济利益关系。寻找自杀者的遗书，不仅要在桌面上、抽屉内等明显的地方去找，还要在废纸篓和邻近现场的厕所、草丛、垃圾桶及池塘等处搜查。查看现场周围、受害人身上及住所有无手机、电脑、U盘、移动硬盘、相机、录音笔等电子设备与存储媒介，及时进行提取封存。如有必要且具备数据保护条件，可先行查看电子设备和存储媒介上文档、短信息、通信软件的聊天记录、电子邮件、浏览的网页等，看看中毒者是否有悲观厌世、自杀念头或与人产生纠纷仇怨之类的情况，并固定相关的电子数据。出差或身在外地的中毒自杀者有的将遗书寄给其亲友，须进一步加以查询。须注意有的死者家属为掩盖死者服毒自杀情节，将死者的遗书或文字材料加以销毁的情况，也有投毒杀人后为隐瞒罪行伪造死者遗书者。

（6）电子数据的提取。对电子设备和存储媒介的提取封存应当保证在不解除封存状态的情况下，无法使用被封存的存储媒介和启动被封存的电子设备。固定电子数据应计算电子数据的完整性校验值。提取封存电子设备和存储媒介、固定电子数据的过程应当录像，录像带应当编号封存。

（7）痕迹物证封装。现场勘验、检查人员在固定、提取痕迹、物品时，应当分别提取，分开密封包装，统一编号，注明提取的地点、部位、分区编号、日期、数量、名称、提取方法和提取人。对特殊检材，应当采取相应的方法提取和包装，防止损坏、污染。

8. 毒物检材提取规范。

（1）数量较大的粮食等固体物品，分上、中、下、左、右部分各取300～500克。数量较多的液体，如有沉淀物，先取沉淀物，再取上清液。如液体分层，则分别取各层500～1 000毫升，不足者取全部。其他可疑物品取200～500克，不足者取全部。

（2）药物和药渣的提取。受害人服用过的药物和煎药剩下的药渣全部提取。

（3）伤者检材的提取。应及时抽取存活者外周静脉血50～100毫升置于一次性真空试管内，对于进行洗胃等抢救措施者应提取胃吸出物、第一次洗胃液以及呕吐物，必要时还应提取存活者24小时内的尿液。

（4）死者检材的提取。及时和准确提取死者的血液、胃肠内容物、尿液等毒物检材，必要时还应提取其他内脏器官，如肝、肾等以及骨骼、毛发、指甲等毒物检材。根据中毒种类的不同，提取胃内容物全部或500克、肠内容物全部或500克、心血或静脉血50～100毫升、全部尿液、肝脏500克、一侧肾脏、脑组织500克、全部胆汁、一侧肺、骨骼200克、头发和指甲5～10克、脂肪组织50克、肌肉200克。

（5）有毒动植物样品提取。怀疑有毒动植物中毒时，提取当地有毒动植物样品50～100克。

（6）气体样品提取。怀疑气体中毒时，需要用有开关阀的手压缩气袋收集现场有毒气体样品，或采用环保监测用的小型气体收集器收集现场可疑的有毒气体样品1 000～5 000毫升。

（7）开棺尸体检材的提取。对于埋葬多年的尸体，检验时可提取胃区、肝区的腐败物200～500克及颅腔内腐败物全部，胃区与肝区检材要注意分层提取，必要时还应提取可疑部位腐败物，同时提取棺木各部位的检材和棺木周围的土壤作为对照检材。此外，根据毒物种类的不同还可以提取头发、骨骼。

（8）空白试样提取。必要时提取适量相对应的空白试样。

（9）毒物检材包装、保存、送检。对一氧化碳、氰化物、乙醇及亚硝酸盐类等易挥发和易变质检材的包装必须使检材装到器皿的4/5；盛装毒物的器皿里面有残留液体的，要及时转移液体或者连器皿一起送检；毒物检材应用密闭、洁净、不易腐蚀及破碎质地的器皿盛装，且放在冰箱内保存，不得往检材中加任何防腐剂，如不能及时检验或送检，应放在－10℃以下的低温冰箱中贮存。所有毒物检材的运送要确保送检检材不腐败变质，一般采用冰壶运送，重大案件以干冰保存送检。

9. 尸体勘验、检查。

（1）现场尸体勘验。应查明尸体是否有变动，所处位置与周围环境的关系，尸体的姿势是否正常自然等；观察尸体周围是否有呕吐物、排泄物、水渍、斑迹以及毒物盛装物、包装物等。

（2）尸体衣着检查。衣着是否整齐，衣着上是否有特殊的气味，衣服前襟、衣领附近有无呕吐物、黏液附着物，有无被腐蚀的痕迹或液体流注痕迹等，有无毒物痕迹，衣袋内有无药瓶、药袋及残留的药片、药粉、药丸，有无遗书、信件和手机等，有无其他特殊气味。

（3）尸体外表检查。勘验时应注意观察尸体瞳孔的大小及形态，尸斑的颜色，尸僵的强度，口腔散发的气味，口腔、鼻腔、耳腔、皮肤、生殖器、肛门及人体上有无可疑的红点、斑块，有无针眼，有无疑似动物的咬痕，有无被燃烧的痕迹等。

（4）尸体解剖检验。应对中毒致死的尸体进行系统全面的解剖检验。解剖时要重点注意死者食道及胃黏膜有无出血、坏死、溃疡等病变，要注意观察胃肠内容物的形状、颜色以及是否含有药片、粉末、晶体或油滴等。提取体液、血液及人体组织等供理化检验的检材时，要注意防止交叉污染。必要时还应提取重要内脏器官做病理检验。

（5）其他相关检验。对因中毒致死、致病的牲畜也要注意收集，必要时可由法医进行检验并提取相关检材。对有关尸体进行解剖检验应特别注意胃内容物的颜色、气味，有无胃肠胀气，胃黏膜有无出血、溃疡，洗过胃的死者，还要检查十二指肠情况。注意食道、气管是否有损伤，注意提取死者的体液、血液和人体组织，对女性尸体必须提取阴道内容物。

10. 对相关人及处所的勘验、检查。

（1）对犯罪嫌疑人的人身检查。对犯罪嫌疑人的人身检查要由2名侦查员进行，检查时应邀请见证人在场，同时对整个检查过程进行录像、照相固定。对犯罪嫌疑人的检查首先是对犯罪嫌疑人衣物进行检查，特别是对衣服口袋的检查，检查其是否留有毒物包装物以及毒物残留，必要时提取犯罪嫌疑人的衣物，以便做毒物检验；其次是对犯罪嫌疑人人身进行检查，特别是对犯罪嫌疑人双手的检查，对犯罪嫌疑人双手的检查要注意提取犯罪嫌疑人手上特别是指甲缝内的附着物并将指甲分别剪下，分左右手包装，并用相应可溶毒物的棉球对其指甲缝、手心、手背进行擦拭，分左右手包装。

（2）对犯罪嫌疑人住所的勘验。第一，注意寻找可能存放毒物的地方；第二，对犯罪嫌疑人可能用于清洗、擦拭的水、容器、肥皂、毛巾等进行寻找和提取，并进行毒物检验；第三，注意寻找发现并提取犯罪嫌疑人住所有无燃烧的灰烬，因为犯罪嫌疑人投毒后，很可能将毒物的包装物烧掉；第四，注意寻找发现犯罪嫌疑人的可疑信件、日记、手机和电脑中的可疑话语，以备确定犯罪嫌疑人的犯罪动机。

（3）对中毒伤者的检验。对于中毒的伤者，在积极抢救的同时，要及时检查、记录其体表症状和体征；及时收集、提取其衣服、呕吐物、洗胃液等；要尽早抽取其血样；要全面收集其医院病历资料和各种辅助检查结果。

（4）对电子数据的勘验。提取封存犯罪嫌疑人持有的手机、电脑、U 盘、移动硬盘、相机、录音笔等电子设备与存储媒介。如有必要且具备数据保护条件，可先行查看手机、电脑等电子设备，看看嫌疑人有无浏览与毒物相关的网页、网购毒物等作案准备，有无文档、短信息、电子邮件、通信软件聊天记录能反映与受害人之间的纠纷仇怨关系或其他与案件相关的情况，并对相关电子数据进行固定。

（5）现场后续保护。现场勘验、检查工作结束后，现场如需继续保护，由现场指挥人员提出，并制定保护方案，现场保护负责人须采取相应措施，组织力量进行保护，并对保护现场期间发生的有关情况及时通报。

11. 现场勘验、检查笔录。

投毒案现场勘验、检查笔录，除应遵循刑事案件现场勘验、检查笔录的一般方法与要求外，应以尸体、家畜为中心，重点记录毒物的特性、来源、入体途径、受害人状况以及现场状态。

（1）全面、认真描述和记录提取的现场遗留物的特征，发现并提取可疑毒物的包装物、盛装物、残余物。提取受害人吃剩或喝剩的食物、饮料、酒水等。

（2）客观细致描述尸体的征象。详细记录尸体现象、尸体状态，如口腔及周围异常的体液、尸斑、尸僵、口唇颜色、皮肤颜色；及时描述和记录提取的胃内容物、血、尿、肝肾等检材的名称、特征、数量。

（3）客观描述和记录现场状态、毒物入体途径。客观描述和记录尸体上有无搏斗、吃喝等搏斗或招待迹象。准确描述和记录危险物品进入人体的途径、方法，较为常见的有口腔食入、皮肤注入、呼吸吸入、黏膜吸入、肛门灌入或阴道插入等。结合现场环境，注意描述和记录现场的通风情况，现场有无遗书以及有无变动等。

（4）扣押物品和文件时，应及时填写《扣押清单》。

12. 现场分析。

（1）研究案（事）件性质。对中毒案（事）件进行现场分析时要区分：是自杀、误食毒物，还是他人故意投放；是针对特定人员，还是报复社会；是私仇报复、财产纠纷、婚姻失和，还是有其他原因。

（2）查明毒物的种类和进入体内的途径。侦办中毒案

（事）件，不仅要确定有中毒事实存在，而且还必须确定毒物的种类和含量、毒物进入受害人体内的途径，这样更便于认定案件性质、确定侦查范围和揭露与证实犯罪。

（3）查明投毒的地点及投毒方法。通过详细了解中毒者发生中毒前的活动情况，如到过哪些地方，接触过哪些人员，吃过何种食物等确定中毒的地点；通过对现场容器、可疑物品及毒物进入死者体内的途径，确定犯罪嫌疑人投毒的方法，特别要注意中毒前一二餐饭的食物来源，从中分析毒物可能投在何处。

（4）研究被害过程，推断投毒的时间。受害人最后一次吃东西的时间、地点，吃了什么东西，吃后多长时间出现中毒反应，中毒后至死亡的时间有多长；中毒后有哪些症状，如恶心、呕吐、腹泻、昏迷、瞳孔散大、面色苍白或潮红等。

（5）判明投毒的动机。找出犯罪分子与受害人之间的关系、投毒案件受害人的范围和相互关系等，从而能够缩小侦查范围，判明投毒的犯罪动机。

（6）查明毒物的来源。查明毒物是购买、自制还是别人赠送或捡拾来的，还要查明盛装食物器皿的来源和保管情况。

13. 根据“口供”复验、复查现场。

所有案件都存在如何搜集和固定诉讼证据的问题，投毒案件尤其重要。不仅要注意对直接证据的收集，而且根据投毒案件的特点要特别注意间接证据的收集，重视将间接证据形成锁链。因为投毒案件的诉讼证据大都要通过“口供”来搜集，而“口供”具有真伪性，所以现场勘验、检查人员一定要根据“口供”再次对现场进行复验、复查，补充提取毒物检材和痕迹物证，加强对此类案件证据的固定意识，防止其翻供。

七、注意事项

1. 注意现场勘验、检查人员防护。勘验、检查投毒案件现场，除准备一般案件现场勘验、检查必备的勘验、检查器材外，还应根据需要配备生化服、防毒面具、毒气与放射性物质检测仪等器材和防护用具，采取必要防护措施，确保勘验、检查工作安全开展，防止参与勘验、检查现场的人员中毒。

2. 避免造成一些关键性物证遗漏。痕迹物证和毒物检材不光要在中心现场寻找，对现场附近及较远处相关物品也要全面细致寻找，避免造成一些关键性物证遗漏。

3. 侦查人员和技术人员之间协同作战。在投毒致人死亡案的现场勘验、检查工作中，侦查人员和技术人员之间、技术部门各专业人员之间要密切协作，相互策应，形成工作合力，以取得事半功倍之功效。侦查人员要尽量参与现场勘验、检查，从技术人员那里直接掌握案件第一手资料，同时把现场访问中了解到的一些情况及时反映给技术人员；技术人员也要积极了解案情，做到心中有数，现场勘验、检查时才能有的放矢抓住重点；技术部门的痕迹、法医、理化检验技术人员要相互沟通交流各自掌握的物证信息，以提高整体的工作效率。

4. 注重微量物证的运用。在投毒案件中，特别要注意利用微量物证。大多数毒物物理化学性质稳定，不易挥发，犯罪嫌疑人在投放时极易在其手上或其他部位沾染，案犯作案后大都能想到通过清洗如洗手来去除毒物。但住在农村、厂矿的农民或工人因职业关系，他们的指甲上及指甲缝内均比较脏，容易沾染毒物，且不易清洗干净，因此我们应抢在有效时间内，尽早提取所有犯罪嫌疑人的指甲、衣物。

第十三节　毒品案件现场勘验、检查要点

一、概念

毒品案件泛指违反国家有关毒品管理的法律、法规，明知是毒品而故意走私、贩卖、运输、制造、持有毒品及易制毒化学品，以及国家规定管制的其他使用后能够使人形成瘾癖的麻醉药品和精神药品的刑事案件。按照我国《刑法》，涉及毒品犯罪的主要罪名包括：走私、贩卖、运输、制造毒品罪；非法持有毒品罪；包庇毒品犯罪分子罪；窝藏、转移、隐瞒毒品、毒赃罪；走私制毒物品罪；非法买卖制毒物品罪；非法种植毒品原植物罪；非法买卖、运输、携带、持有毒品原植物种子、幼苗罪；引诱、教唆、欺骗他人吸毒罪；强迫他人吸毒罪；容留他人吸毒罪；非法提供麻醉药品、精神药品罪等。毒品案件现场泛指犯罪分子实施毒品犯罪和遗留同毒品犯罪有关的痕迹和其他物证的场所。

二、特点

1. 毒品犯罪案件一般没有特定被害人。

2. 毒品犯罪案件无明确具体的犯罪结果和犯罪现场。

3. 毒品犯罪一般以谋取巨额利益为目的，因果关系简单。

4. 毒品犯罪形式多样、种类较多且极为隐蔽。

5. 毒品犯罪往往呈现出一定的流程性和周期性、集团化和组织化趋势。

6. 毒品犯罪跨国跨地区性强，全球化形势日益突出。

三、原则

侦查人员依照法律规定，运用一定的策略方法和技术手段，对与毒品犯罪有关的场所、物品、人身等进行勘验、检查，对当事人、知情群众进行调查访问，以发现侦查线索，搜集犯罪证据，查明犯罪事实。

四、现场类型

按照毒品案件的性质可分类为：交易毒品现场、走私和运输毒品现场、制造和加工毒品现场等。

（一）交易毒品现场的特点及现场勘验、检查要点

1. 应全面细致地开展现场访问。全面掌握贩毒人员的家庭住址、从业单位、经常出入的场所并开展走访调查，了解嫌疑人的真实身份、现实表现、经济收入、社会交往、行踪规律，从中发现案件疑点，印证案犯供述，掌握同伙情况，拓宽线索来源。

2. 应注重现场痕迹和物证的发现、提取。特别要注意对毒品包装物上的指纹、生物检材以及犯罪嫌疑人指甲、衣服上的微量物证的提取、固定，以便证实嫌疑人与犯罪现场和查获物品之间的关联性，从中判定毒品持有人。

3. 应注意对贩卖毒品有关的原始台账（包括电话记录、贩毒账本、毒品数量、毒资情况、交易时间等）、记录信件、电函、住宿票据、交通票据等书证的提取，可作为证明其贩毒事实的有力证据。

4. 应注意进行录音、照相、摄像，通过录音、照相、摄像的手段，获取毒贩交易过程中频繁使用的暗语行话，反复试探、迂回交易、可疑大额资金的交换等不符合常规的异常交易方式的声像资料证据。

（二）走私和运输毒品现场的特点及现场勘验、检查要点

1. 对相关物证的提取：主要包括查获毒品（含易制毒化学品）、运输工具（如车辆、船只等）、毒品包装物和伪装物品等。对改换包装和标识进行走私、运输毒品特别是易制毒

化学品的，尤其要注意提取和固定相关证据。

2. 对相关书证的提取：主要包括可以证明其走私、运输事实的有关书信、合同、订单、发票、函件、账本、文件、凭据以及通话记录等。

3. 对相关证人证言的记录：包括执法人员的证言、仓储保管或运输业务目击人员等的证言。

4. 对犯罪嫌疑人供述和辩解的记录：针对走私、运输毒品案件中，多数嫌疑人拒不承认“明知”的情况下，高院、高检、公安部专门下发了《办理毒品犯罪案件适用法律若干问题的意见》，对具有八种情形之一，并且犯罪嫌疑人、被告人不能做出合理解释的，可以认定其行为人知道或者应当知道所实施的行为是走私、贩卖、运输、非法持有毒品行为。

对走私、运输以及藏匿毒品的工具、场所进行现场勘验、检查，应重点针对以下五种情况，从行为是否非法和行为人是否客观明知两个方面进行调查取证，固定证据，有效打击罪犯。一是执法人员在口岸、机场、车站、港口和其他检查站检查时，行为人未按要求如实申报，在其所携带的物品内查获毒品的；二是以伪报、藏匿、伪装等蒙蔽手段逃避海关、边防等检查，在其携带、运输、邮寄的物品中查获毒品的，或执法人员检查时，有逃跑、丢弃携带物品或逃避、抗拒检查等行为，在其携带或丢弃的物品中查获毒品的；三是体内藏匿毒品的；四是为获取不同寻常的高额或不等值的报酬而携带、运输毒品的；五是采用高度隐蔽的方式携带、运输或交易毒品，明显违背合法物品惯常方式的。

5. 要及时对相关涉案毒品（含易制毒化学品）进行定

性、定量的检验鉴定，取得相关的鉴定意见。

（三）制造和加工毒品现场的特点及现场勘验、检查要点

1. 对毒品成品、半成品或粗制品，现场制毒原料、试剂、中间体、催化剂等化学品的查扣和确认。

2. 对制毒反应设备、过滤装置、干燥设备等器皿以及残留物的勘验、检查。

3. 对制毒所必需的电力设备、排污设备以及防毒面具、防护服、手套、温度计、烤火器等制毒附属工具的勘验。

4. 对相关嫌疑人在现场遗留的指纹、足迹、生物检材以及其他潜在的痕迹和微量物证的提取。

5. 对出租房屋房主证言、邻居证言等的记录。

6. 现场勘验、检查中要及时进行现场拍照、摄像，制作现场勘验、检查笔录，绘制现场图以及制毒工艺流程图，清晰准确地记录现场方位、周围环境、原始状态以及痕迹、物证所在部位、形状、大小及其相互之间的关系，准确详细地反映与制毒活动有关的化工原料、试剂、设备、器具、毒品半成品和成品等物证的名称、大小、数（重）量、性状、分布、位置等情况，以增强所提取证据的法律效力。

7. 针对此类案件的现场特点和规律，侦查人员在勘验、检查过程中应牢固树立三种意识：

一是树立证据意识。现场勘验、检查应该紧紧围绕案件定性，由具备专业知识的技术员全面细致地开展各种证据的提取工作。重点发现现场的毒品、粗制品、中间体、易制毒

化学品，尽量查找现场遗留的试剂、溶剂和催化剂，注意收集现场中可能存在的制毒设备和工具，确定制毒的种类、工艺和流程，推断制毒的生产规模和生产周期。要严格按照现场勘验、检查的有关规定，规范各种物证、痕迹的提取和固定工作，注意样品的代表性、全面性以及法庭证据的科学性、提取证据的合法性，确保毒品的包装、外观、形态、数量等各类特性的一致性，不要在现场随意改变物证的形态，不能随意蒸干液态物质，或随意对物品进行反应。

二是树立自我防范意识。制毒场所内的物证都有可能具有高度腐蚀性、易燃易爆性或者剧毒性，同时，还有多种不可预见的物理危害，比如危险的设备、不安全的电力、过热的装置和物体、意外爆炸以及毒贩为防范警察突然袭击，及时销毁证据而私自安装的爆炸、燃烧装置等陷阱。因此，对一些制毒工厂（点）进行现场勘验、检查，要求侦查员对制毒工艺和化学原料有专业的认识和了解，提前对现场安全作出风险评估，并由专业的机构和人员对废弃物和制毒原料的收集、移动、处理、销毁等工作进行操作。

三是树立现场侦查实验意识。在一些制造、加工毒品案件中，由侦查人员利用现场所查获的各种原料、配剂、工具、设备等，依法开展现场实验，对犯罪活动进行恢复重演，将有助于审查案件性质，分析现场痕迹的形成因素，验证现场推论的准确程度，判断嫌疑人供述的真实性，进一步挖掘现场，开辟新的证据来源。

现场侦查实验需要验证的犯罪事实有：

1. 嫌疑人在特定条件下，能否完成制毒行为，或完成制毒行为必须具备的时间和条件。

2. 验证某种原料在某种条件下发生某种变化的客观可能性。

3. 现场提取的某种痕迹，是用何种工具在何种条件下形成的。

4. 制毒过程中毒品成品或半成品、废弃液体或气体、机器噪音、水电需求量异常等现象形成的原因、条件和过程。

为规范公安机关勘验、检查和处置制造毒品案件现场工作，保证制毒案件现场证据提取质量，加强对现场勘验、检查人员的人身安全保护，公安部于 2010 年专门制定下发了《公安机关勘验检查及处置制造毒品案件现场规定》。

第十四节　电信诈骗案件现场勘验、检查要点

一、概念

电信诈骗案件现场是指犯罪分子故意编造虚假信息，通过电话、网络和短信（微信）等通信方式对被害人实施远程、非接触式控制，使其产生认知错误并诱使被害人自动处分财产（如给犯罪分子打款或转账）的犯罪案件现场。

二、特点

（一）电信诈骗犯罪的特点

1. 犯罪行为不同于传统案件的显著特点是漫天撒网，重

点捞“鱼”。

2. 诈骗手段技术上翻新快，名头多种多样。

3. 团伙作案，反侦查能力强。

4. 跨国（境）犯罪比较突出。

（二）电信诈骗案件现场的特点

1. 犯罪行为采用远程操控非接触式犯罪。

2. 犯罪现场的形态不同于以往的诈骗案件。

3. 犯罪现场多由不同的、复杂的关联现场组成。

4. 犯罪现场通常会查获大量的通信设备和银行卡等物品。

5. 痕迹、物证多表现为电子数据、视频资料等形式。

三、各项勘验工作的要点

（一）电信诈骗案件的现场访问

在电信诈骗案件的侦查中，对被害人的访问是非常重要的一项侦查工作，必须给予高度重视。勘验、检查人员需要有耐心和同情心，不放过被害人与犯罪嫌疑人联系（接触）的任何一个重要的细节。访问的要点主要有：

1. 犯罪嫌疑人与被害人联系的方式、方法、手段。

2. 被害人与犯罪嫌疑人联系的时间、地点。

3. 被害人向犯罪嫌疑人转款的时间、地点、方式。

4. 犯罪嫌疑人的联系方式、交易账号。

5. 被害人损失数额、交易次数、交易凭证。

6. 被害人是否及时报案，为什么？是否还有隐情。

7. 被害人是否接触犯罪嫌疑人？是否“认识”犯罪嫌疑人？

8. 被害人拥有的所有有关犯罪嫌疑人的信息，如视频、聊天记录等资讯信息。

9. 被害人被骗的事还有谁知情？其他人有无议论？熟人中有无同样被骗的人？

10. 被骗的详细经过如何？被骗前后有无与财产转让、继承、纠纷等相关事件发生？

（二）电信诈骗案件现场和工具的勘验、检查

1. 案件涉及网页、网址信息的，要对网页、网址进行拍照固定。

2. 案件涉及座机的，要对座机上的来电时间、来电显示进行恢复并拍照固定。

3. 案件涉及手机的，要对手机上的来电时间、来电显示、短信内容、通话记录进行拍照固定。如有可能，要及时查询调取话单，并对话单进行拍照固定。

4. 案件涉及银行转账的，要对转账凭单、交易明细、事主转账的银行卡等进行拍照固定，将照片上传至“全国公安机关现场勘验信息系统”，复印件随卷进行物证保全。

5. 案件涉及聊天工具的，要对聊天记录、视频截图进行拍照固定。

6. 案件涉及邮件的，要对邮箱及邮件内容、接收时间、发

送人等信息进行拍照固定。如案件有文字信息、视频信息，则要将其上传至“全国公安机关现场勘验信息系统”，物证随卷进行保全。

（三）嫌疑账户开卡地的勘验、检查

1. 根据了解到的涉案嫌疑卡、嫌疑账户，对其开卡、开户信息进行固定提取。

2. 对其嫌疑卡、嫌疑账户的单据及笔迹进行固定提取。

3. 对可疑视频进行固定提取。

（四）赃款取款地的勘验、检查

1. 对可疑痕迹物证进行固定提取。

2. 对可疑视频进行固定提取。

（五）远程诈骗窝点的勘验、检查

1. 对窝点的外部、内部所有相关情况进行拍照取证。

2. 对涉案手机、电脑及相关物证、书证进行原始固定，提取、检验相关涉案电子类物品内电子物证信息。

（六）电信诈骗案件现场分析

电信诈骗案件现场分析的主要法律依据是 2011 年 3 月 1 日公布的最高人民法院、最高人民检察院《关于办理诈骗刑事案件具体应用法律若干问题的解释》（以下简称《解释》），因此此类案件的现场勘验、检查必须在熟练掌握《解释》的相关规定后才可以进行。

1. 分析案件性质与立案依据。

《解释》明确了诈骗罪的定罪量刑标准，结合我国经济社会发展的实际和诈骗犯罪的发案形势，将最低入罪门槛由原来的 2 000 元提高为 3 000 元。根据《解释》，诈骗公私财物价值 3 000 元至 10 000 元以上为《刑法》规定的“数额较大”，3 万元至 10 万元以上为“数额巨大”，50 万元以上为“数额特别巨大”。

诈骗未遂，以数额巨大的财物为诈骗目标的，或者具有其他严重情节的，应当定罪处罚。利用发送短信、拨打电话、互联网等电信技术手段对不特定多数人实施诈骗，诈骗数额难以查证，但发送诈骗信息 5 000 条以上，或者拨打诈骗电话 500 人次以上，以及诈骗手段恶劣、危害严重的，应当认定为《刑法》规定的“其他严重情节”，以诈骗罪（未遂）定罪处罚。

同时要注意，诈骗近亲属的财物，近亲属谅解的，一般可不按犯罪处理，确有追究刑事责任必要的，具体处理也应酌情从宽。

2. 分析犯罪行为方式及后果。

《解释》为电信诈骗行为规定了可酌情从严惩处的情节，规定了 5 种酌情从严惩处情形：通过发送短信、拨打电话或者利用互联网、广播电视、报刊等发布虚假信息，对不特定多数人实施诈骗的；诈骗救灾、抢险、防汛、优抚、扶贫、移民、救济、医疗款物的；以赈灾募捐名义实施诈骗的；诈骗残疾人、老年人或者丧失劳动能力者的财物的；造成被害人自杀、精神失常或者其他严重后果的。

根据《解释》的相关规定，分析判断犯罪行为模式是上述的一种行为方式还是综合的行为方式。

3. 分析犯罪人条件及分工。

电信诈骗案件属于团伙犯罪或者有组织犯罪的形式，团伙成员分工细致、明确，各自负责一块，具有一定的反侦查能力。《解释》规定，明知他人实施诈骗犯罪，为其提供信用卡、手机卡、通信工具、通信传输通道、网络技术支持、费用结算等帮助的，以共同犯罪论处。

第七章　典型多发性侵财案件现场勘验流程

第一节　入室盗窃案件现场勘验流程

一、访问式勘验、检查

通过对事主的访问确定事主何时离开、何时发现物品被盗。针对被盗物品进行详细询问并认真记录特征，例如：针对被盗的通信工具等电子产品，弄清品牌、型号、颜色，其中被盗的若是手机则还应询问被盗时手机号码、手机串号；针对被盗银行卡或消费类卡片，询问被盗卡的卡号，其中被盗的若是公交卡，则让事主提供卡号或充值小票并记录，如事主记不清，需要了解并记录事主固定乘车时间、上下车地点、有无伴随卡。对于被盗物品的详细特征及相关卡号、串号必须将其录入“全国公安机关现场勘验信息系统”，同时了解房间的门、窗是否完好。

二、巡视现场确定勘验、检查范围

通过观察现场外围及巡视现场中心来确定勘验、检查的范围。一是要根据现场的客观实际条件，二是要根据现场的痕迹、物证的分布情况，三是要根据犯罪现场勘验、检查的具体需要来划定勘验、检查范围，保证勘验、检查质量。

三、现场实地勘验、检查

1. 通过现场勘验、检查，实地查看现场门、窗是否完好，检验门锁的状况，确定出入道。并在出入道开展指纹、足迹、DNA 的提取工作，如有必要应提取出入道房门锁芯、钥匙进行检验。

2. 通过现场勘验、检查，发现、提取中心现场的足迹。

3. 通过现场勘验、检查并结合对事主的访问，对现场翻动处、嫌疑人可能触摸及移位的物品进行指纹、DNA 的提取。

4. 通过现场勘验、检查，对犯罪现场遗留工具痕迹进行提取。

5. 通过现场勘验、检查，对犯罪嫌疑人有可能使用过或遗留的犯罪工具（或物品）进行 DNA、指纹的提取，对作案工具进行提取、送检。

6. 通过外围现场勘验、检查，对犯罪嫌疑人预伏地点、作案沿线、翻动物品处、物品抛洒处进行勘验、检查，加大对指纹、足迹、DNA 等痕迹物证的提取力度。

四、视频调取

圈定视频调取范围，查找有无直接拍摄案发现场的监控摄像头，提取嫌疑人、车影像，并及时将其录入勘验系统。如果中心现场没有摄像头，则结合发案时段、作案路径，调取监控录像，并将发案时段监控保全。结合案件串并，查找可疑人员。

同时，沿嫌疑人来往的路线对痕迹物证进行查找，包括遗留物品、作案工具、抛弃物等。物证一定要封装保存，原物提取，在提取前拍照固定。存在生物检材的拍照固定后，封装保存并送检。

五、有关信息调取

对中心现场及时使用基站信息采集设备采集基站信息，使用相关设备及时采集 WiFi、网络、位置等相关信息。

六、录入信息系统

将现场勘验、检查情况及痕迹物证信息于 7 个工作日内录入“全国公安机关现场勘验信息系统”及相关信息系统，并使用刑事技术网上作战平台进行案件的技术串并、分析研判工作。

第二节 技术开锁入室盗窃案件现场勘验流程

一、访问式勘验、检查

询问事主离开、发现被盗时的时间，以确定作案时间段。

询问事主离开、发现被盗时房门的锁闭状态。

询问事主被盗物品情况，如遇电子类产品（如手机、笔记本电脑）被盗，应追问电子类产品的编号（如笔记本电脑MAC号、手机IMEI号）；如遇消费类卡类（如银行卡、购物卡、加油卡、交通卡）被盗，应详细问清卡号。

询问事主家中（暂住地）物品被移位情况，确定勘验、检查的重点。

二、巡视现场确定勘验、检查范围

通过观察现场外围及巡视现场中心来确定勘验、检查的范围。一是要根据现场的客观实际条件，二是要根据现场的痕迹、物证的分布情况，三是要根据犯罪现场勘验、检查的具体需要来划定勘验、检查范围，保证勘验、检查质量。

三、中心现场勘验、检查

对现场房门进行检验，门是关闭还是开启，门上是否有撞击、撬压、钻洞痕迹，门的内外侧及门内外地面有无手印、脚印或蹬、擦痕迹和附着物。

对现场房门锁眼进行检验，发现是否有填充物，如有要对其进行提取，要本着先“无损”后“有损”的顺序进行痕迹提取。在关灯的情况下，利用光源对地面足迹进行搜索，选用最优的方法提取地面足迹。根据现场物品翻动、移位情况，进行DNA、指纹痕迹的提取。

如遇戴手套作案、鞋外套袜子进入现场、进入室内换事主鞋作案的情况，需要进行DNA提取。

四、外围现场勘验、检查

在现场外围的楼道、楼梯、电梯间注意发现与室内现场同种花纹的足迹，若发现伴随足迹则一并提取。在外围现场勘验、检查过程中，加大对伴随足迹的烟蒂、饮料瓶、抛洒物、遗留物的勘验、检查。对现场房门、对门、同单元其他户门观察猫眼有无被贴纸，楼道照明设备有无遭破坏痕迹，在其他房门及周边有无特殊标记，从而发现其他现场及痕迹，本着先“无损”后“有损”的顺序进行痕迹提取。

五、锁具检验

勘验、检查结束后，建议事主将锁芯拆除，连同钥匙交给技术人员送检。针对现场及锁芯内遗留的锡纸及填充物，首先进行DNA提取，再进行指纹的显现。

六、视频调取

圈定视频调取范围，查找有无直接拍摄案发现场的监控摄像头，提取嫌疑人、车影像，并及时将其录入勘验系统。如果中心现场没有摄像头，则结合发案时段，对小区出入口、单元门、电梯间监控进行发案时段监控保全。结合案件串并，查找可疑人员。

七、有关信息调取

对中心现场及时使用基站信息采集设备采集基站信息，使用相关设备及时采集 WiFi、网络、位置等相关信息。

八、录入信息系统

将现场勘验、检查情况及痕迹物证信息及时录入“全国公安机关现场勘验信息系统”及相关信息系统，并使用刑事技术网上作战平台进行案件的技术串并、分析研判工作。

第三节　钻窗入室盗窃案件现场勘验流程

一、访问式勘验、检查

询问事主离开、发现被盗时的时间，以确定作案时间段。

询问事主离开、发现被盗时门、窗的状态。

询问事主被盗物品情况，如遇电子类产品（如手机、笔记本电脑）被盗，应追问电子类产品的编号（如笔记本电脑 MAC 号、手机 IMEI 号）；如遇消费类卡类（如银行卡、购物卡、加油卡、交通卡）被盗，应详细问清卡号。

询问事主家中（暂住地）物品被移位情况，确定勘验、检查的重点。

二、巡视现场确定勘验、检查范围

通过观察现场外围及巡视现场中心来确定勘验、检查的范围。一是要根据现场的客观实际条件，二是要根据现场的痕迹、物证的分布情况，三是要根据犯罪现场勘验、检查的具体需要来划定勘验、检查范围，保证勘验、检查质量。

三、中心现场勘验、检查

在关灯的情况下，利用光源对地面足迹进行搜索，选用最优的方法提取地面足迹。观察现场窗口阳台状况，若发现破坏痕迹，应仔细观察其形状、大小等特征，以及上面有无附着物。要检查窗内外有无足迹、蹬踩痕迹和泥土。注意观察窗台及窗内外的地面、墙壁及其他可攀登的物体如下水管道、天然气管道等，若发现有足迹和蹬踩痕迹，应研究其方向、位置、种类和数量。犯罪嫌疑人从门逃离的案件较多，因此对房门内侧和门锁把手的勘验、检查也很重要。注意窗口周围是否有遗留的工具、伪装物品、坐卧痕迹、拖拉痕迹、交通工具痕迹、烟蒂、火柴杆、绳索、手套等。根据现场物品翻动、移位情况，进行DNA、指纹痕迹的提取。

四、外围现场勘验、检查

在现场外围要注意提取起攀地点的足迹、烟头、香烟包装盒等，攀爬过程中产生的手印、手套印痕迹，甚至是血迹痕迹。将外围痕迹与中心现场痕迹进行比对，分析两种痕迹是否相同，是否还有放风人员。本着先“无损”后“有损”的顺序进行痕迹提取。对犯罪嫌疑人逃跑路线进行搜索，发现有遗弃物后要对其进行提取并做痕迹显现处理。

五、视频调取

圈定视频调取范围，查找有无直接拍摄案发现场的监控摄像头，提取嫌疑人、车影像，并及时录入勘验系统。如果中心现场没有摄像头，则结合发案时段，对小区出入口、单元门、电梯间监控进行发案时段监控保全。结合案件串并，查找可疑人员。

六、有关信息调取

对中心现场及时使用基站信息采集设备采集基站信息，使用相关设备及时采集WiFi、网络、位置等相关信息。

七、录入信息系统

将现场勘验、检查情况及痕迹物证信息及时录入“全国公安机关现场勘验信息系统”及相关信息系统，并使用刑事技术网上作战平台进行案件的技术串并、分析研判工作。

第四节　盗窃保险柜案件现场勘验流程

一、访问式勘验、检查

询问事主离开、发现被盗时的时间，以确定作案时间段。

询问事主离开、发现被盗时门、窗的状态。

询问事主发现被盗时的保险柜状态及位置。

询问事主其他被盗物品情况，如遇电子类产品（如手机、笔记本电脑）被盗，应追问电子类产品的编号（如笔记本电脑 MAC 号、手机 IMEI 号）；如遇消费类卡类（如银行卡、购物卡、加油卡、交通卡）被盗，应详细问清卡号。

询问事主物品被移位情况，确定勘验、检查的重点。

二、巡视现场确定勘验、检查范围

通过观察现场外围及巡视现场中心来确定勘验、检查的范围。一是要根据现场的客观实际条件，二是要根据现场的痕迹、物证的分布情况，三是要根据犯罪现场勘验、检查的具体需要来划定勘验、检查范围，保证勘验、检查质量。

三、中心现场勘验、检查

（一）对柜体及周围地面的勘验

1. 手印的勘验。保险柜的表面比较光滑，加之犯罪行为人实施撬盗时，需要用力挪动，按压柜体，就很可能留下较清晰的手印或手套印。因此，勘验保险柜时首先要及时处理柜体表面的手印和手套印，避免在进一步勘验中造成痕迹的破坏。

2. 工具痕迹的勘验。保险柜的构造比较坚固，锁也不易破坏，犯罪行为人实施破坏时一般会在柜体上留下较清晰的工具痕迹。

3. 微量物证的勘验。在柜体周围的地面，常常会发现脱落或折断的锯齿、散落的漆皮、水泥块以及钳子，还有钻头等工具的残片或钻花、钻末等。勘验时，也要首先对这些微量物证进行收集，防止因踩踏、搬动柜体而对它们造成破坏。在实践中，对于金属碎末，可用磁铁进行吸附。这些微量物证，可用来分析作案工具的种类、犯罪行为人的职业特点，并可在破案后作为认定犯罪行为人的证据。

（二）对柜门的勘验

1. 破坏柜门的方法。柜门是盗窃犯罪行为人撬盗保险柜时首选的破坏目标，其破坏方法主要有：用螺丝刀、钢棒等工具插入柜门缝隙，扩缝撬压，使柜门变形，撬弯锁舌，最终打开柜门；用锯条锯断门轴，再取下柜门；用气割、钢锯破坏柜门或柜门与柜体的连接处；用铁锤等直接砸撬或者就地取材对柜门进行撬压。

2. 注意区分破坏柜门的方式是切割、撬压，还是锯断。犯罪行为人撬压柜门时，多从柜门的左上角入手，使用扁平锐利的工具，进行扩缝撬压，因此，勘验时也要从柜门的左上角开始，注意发现相应的工具痕迹。随着缝隙的扩大，犯罪行为人就会将工具深入到柜内撬压，从而在柜门内侧形成工具痕迹。勘验痕迹时，除按常规找寻反映工具顶部形态的痕迹外，还要在相应门框边棱上发现工具的支点，该处常能反映工具接触部位的宽度和形态，同时不能忽视对柜门内侧的勘验，该处痕迹常可反映工具顶端的形状。工具顶端到柜门内侧痕迹之间的距离也是分析工具的种类和长度的重要依据。如果柜门的夹层被撬坏，还要对夹层的填充物进行清理，以便从中发现撬压工具的断头。需要结合嫌疑人的撬压手段加强对指纹及接触部位的 DNA 的提取。

（三）对号码盘的勘验

1. 破坏号码盘的方法。号码盘是保险柜的薄弱部位，不少犯罪行为人通过破坏号码盘来达到犯罪目的，其破坏方法主要有：用撬棍、螺丝刀或自制工具等撬压、破坏号码牌后，再撬开柜门；用手摇钻、电钻等钻坏锁芯后，再撬开柜门等。

2. 号码盘的具体勘验。要注意勘验、分析犯罪行为人使用工具的类型、犯罪手法的熟练程度，以分析是否为惯犯作案。在勘验实践中，发现一种专门用来撬压号码盘的自制工具，该工具头部有齿，可将号码盘紧紧抓住，后端有套筒，可插入钢棍等以增加动力臂的长度，既可随意拆卸、组合，又可轻易将号码盘撬坏。若现场发现有该种工具痕迹，则要考虑流窜犯或惯犯作案的可能。若现场遗留有钻末，则要记录钻末的分布范围、粗细、均匀度等以供分析钻头的类型。必要时要将号码盘拆卸检验。

四、外围现场勘验、检查

根据案发的环境、被盗保险柜的状态、丢失财物的特征（保险柜是否整体丢失），并结合现场遗留的痕迹，判断嫌疑人是否提前预谋踩点、是否有交通工具，便于有针对性地开展视频侦查工作，以及外围现场的痕迹物证提取。在现场外围勘验、检查中要注意提取预伏地点的足迹、烟头、香烟包装盒等，将外围痕迹与中心现场痕迹进行比对，分析两种痕迹是否相同，是否还有放风人员。本着先“无损”后“有损”的顺序进行痕迹提取。对犯罪嫌疑人逃跑路线进行搜索，发现有遗弃物后要进行提取并做痕迹显现处理。若保险柜整体丢失，则加大对现场周边的搜索检查，力争发现被盗保险柜。

五、视频调取

圈定视频调取范围，查找有无直接拍摄案发现场的监控摄像头，提取嫌疑人、车影像，并及时将其录入勘验系统。

如果中心现场没有摄像头，则结合发案时段，对单位内和单位外的监控进行发案时段监控保全。结合案件串并，查找可疑人员。

六、有关信息调取

对中心现场及时使用基站信息采集设备采集基站信息，使用相关设备及时采集 WiFi、网络、位置等相关信息。

七、录入信息系统

将现场勘验、检查情况及痕迹物证信息及时录入“全国公安机关现场勘验信息系统”及相关信息系统，并使用刑事技术网上作战平台进行案件的技术串并、分析研判工作。

第五节　盗窃车内财物案件现场勘验流程

一、访问式勘验、检查

通过对事主的访问、视频侦查确定事主何时离开、何时发现物品被盗。针对被盗物品进行详细询问并认真记录特征，例如：针对被盗的通信工具等电子产品，弄清品牌、型号、颜色，其中被盗的若是手机，则询问被盗时手机号码、手机串号；针对被盗银行卡或消费类卡片，询问被盗卡的卡号，其中被盗的若是公交卡，则让事主提供卡号或充值小票并记录，如事主记不清，需要了解并记录事主固定乘车时间、上下车地点、有无伴随卡。对于被盗物品的详细特征及相关卡号、串号必须将其“录入全国公安机关现场勘验信息系统”。

二、现场实地勘验、检查

涉车侵财案件就其常见作案手段可分为 3 种状态 10 种手段：

1. 汽车处于静止状态，明显可见作案手段的，包括撬砸车窗、撬捅后备箱、盗轮胎、盗燃油，根据其作案手段特点开展现场勘验、检查；未有明显可见作案手段的，包括使用专用工具快开车门锁，使用干扰器开锁的，先通过现场勘验、检查及检验确定具体手段，再围绕各自特点开展工作。

（1）撬砸车窗类现场勘验、检查：确定作案工具后，对撬痕进行拍照。对车体及车窗周围进行检视，本着先“无损”后“有损”的检验顺序，对嫌疑人可能触摸、翻动的部位加大 DNA、指纹的提取力度。在勘验、检查过程中，针对车体、车内可能遗留足迹的部位，进行足迹的提取。

（2）撬捅后备箱现场勘验、检查：询问事主后，确定门窗锁闭的情况下，仔细观察锁眼处是否变形、新增划痕，进行拍照固定。用灯光对车体进行检视，本着先“无损”后“有损”的检验顺序，加大对锁体及嫌疑人可能触摸、翻动的部位 DNA、指纹的提取力度。在勘验、检查过程中，针对车体、车内可能遗留足迹的部位，进行足迹的提取。开展视频勘验、检查工作，调取事主离开车辆时段的视频，发现接触事主车辆的犯罪嫌疑人及可疑车辆。

（3）盗轮胎、盗燃油现场勘验、检查：询问事主停车及发现被盗的时间段，用灯光对车体进行检视，本着先“无损”后“有损”的检验顺序，对嫌疑人可能触摸、翻动的部位加大DNA、指纹的提取力度。结合询问事主及现场视频情况，扩大勘验、检查范围，力争发现嫌疑人在预伏地、作案地周边遗留的烟头、水瓶等物证。

（4）使用专用工具快开车门锁盗窃车内财物现场勘验、检查：询问事主后，确定门窗锁闭的情况下，仔细观察锁眼处是否变形、新增划痕，观察车窗是否落下，并拍照固定。用灯光对车体进行检视，本着先“无损”后“有损”的检验顺序，对锁体及嫌疑人可能触摸、翻动的部位加大DNA、指纹的提取力度。在勘验、检查过程中，针对车体、车内可能遗留足迹的部位，进行足迹的提取。征得事主同意后，将锁芯取回实验室进行检验。开展视频勘验、检查工作，调取事主离开车辆时间段的视频，通过监控发现车辆双闪闪烁情况，确定作案时间，发现犯罪嫌疑人及可疑车辆。

（5）利用干扰器盗窃车内财物现场勘验、检查：询问事主后，确定遥控器锁车的时间。仔细观察锁眼处是否变形、新增划痕，判断犯罪嫌疑人是否利用干扰器进行涉车侵财犯罪活动。对车辆拍照固定后，用灯光对车体进行检视，本着先“无损”后“有损”的检验顺序，对嫌疑人可能触摸、翻动的部位加大DNA、指纹的提取力度。开展视频勘验、检查工作，事主离开车辆时间即为作案时间，围绕此作案时间进行视频勘验、检查。

2. 机动车处于行驶中，作案手段包括撞车尾、拦车头、拉车门。

撞车尾、拦车头、拉车门现场勘验、检查：仔细询问事主被嫌疑人撞车尾、拦车头、拉车门的时间，嫌疑人触摸的位置及被盗财物摆放的位置。用灯光对车体进行检视，本着先“无损”后“有损”的检验顺序，对嫌疑人可能触摸、翻动的部位加大DNA、指纹的提取力度。通过向事主询问嫌疑人的特征，结合现场视频情况，开展视频影像的追踪，寻找嫌疑人的来去路线，对嫌疑人沿途可能抛洒的物品进行提取及检验。

3. 机动车处于动静结合状态，作案手段为扎车胎。

扎车胎现场勘验、检查：仔细询问事主在何位置长时间停过车，在何时何地换的轮胎。结合询问事主情况，勘验、检查嫌疑人有可能触摸的位置及被盗财物摆放的位置，加大DNA、指纹的提取力度，同时对扎车胎的车钉进行DNA的提取。

三、视频及有关信息调取

对中心现场及时调取视频及基站信息，将犯罪嫌疑人、车的视频截图及基站信息录入“全国公安机关现场勘验信息系统”。在犯罪时段内不能确定嫌疑人、车的视频影像资料要及时进行调取、保全，以备在日后的侦查工作中使用。并使用刑事技术网上作战平台进行案件的技术串并、分析研判工作。

第六节　拦路抢劫、抢夺案件现场勘验流程

一、访问式勘验、检查

1. 了解被抢的经过，包括：事主的行走路线、到过的处所，乘坐的车辆；财物存放的位置，是放于衣袋中还是提包中；财物是如何被抢走的。

2. 了解被抢财物的情况。针对被抢物品进行详细询问并认真记录特征，例如：针对被抢的通信工具等电子产品，弄清品牌、型号、颜色，其中被抢的若是手机，则询问被抢时手机号码、手机串号；针对被抢银行卡或消费类卡片，询问被抢卡的卡号，其中被抢的若是公交卡，则让事主提供卡号或充值小票并记录，如事主记不清，需要了解并记录事主固定乘车时间、上下车地点、有无伴随卡。对于被抢物品的详细特征及相关卡号、串号必须将其录入“全国公安机关现场勘验信息系统”。

3. 了解犯罪行为人。有明确的怀疑对象的，需了解：犯罪行为人体貌特征、口音、谈话内容、衣着、随身物品、上下车地点、逃跑方向、贴近事主方式。事主乘车的路线，停留的处所，行走途中有无可疑人员尾随；可疑人上车、下车的地点，是否有人故意与被害人的身体贴靠。注意访问发案前后的周围群众，尤其是发案地区、路线上的固定工作人员，如商店的营业员、修理铺的修理人员、特定线路的司乘人

员等。

二、现场实地勘验、检查

1. 明确案件中心现场，固定拍照，制作现场勘验、检查材料。

2. 通过访问事主、目击者了解犯罪嫌疑人作案过程、作案动作，对犯罪嫌疑人可能触摸过的物品进行 DNA、指纹的提取，或调取监控录像，确定发案时间，并沿嫌疑人来往的路线对痕迹物证进行查找，包括遗留物品、作案工具、抛弃物等。物证一定要封装保存，原物提取，在提取前拍照固定。存在生物检材的拍照固定后，封装保存并送检。

三、视频及有关信息调取

对现场周边监控进行调取，发现嫌疑人，并对其轨迹进行简单追踪。将嫌疑人的视频原始资料进行保存，清晰截图后将其上传至“全国公安机关现场勘验信息系统”。同时采集现场基站信息，并将基站信息数据上传至“全国公安机关现场勘验信息系统”。使用刑事技术网上作战平台进行案件的技术串并、分析研判工作。

第七节　盗抢工地案件现场勘验流程

一、访问式勘验、检查

询问事主离开、发现被盗时的时间或被抢劫的时间，以确定嫌疑人作案时间段。

询问事主案前、案后门、窗的状态。

询问事主被盗抢物品的种类、数量、价值、特征、用途，以及存放地点、方式。

询问事主嫌疑人的人数、体貌、语言特征、触碰的物品。

询问事主嫌疑人的交通工具特征、来去路线。

二、巡视现场确定勘验、检查范围

通过观察现场外围及巡视现场中心来确定勘验、检查的范围。一是要根据现场的客观实际条件，二是要根据现场的痕迹、物证的分布情况，三是要根据犯罪现场勘验、检查的具体需要来划定勘验、检查范围，保证勘验、检查质量。

三、中心现场勘验、检查

针对物品被盗抢的位置、嫌疑人活动的位置进行勘验、检查。针对盗窃电缆线案件要注意勘验线杆及线杆周围的地面，注意勘验现场遗留的电缆和电力线的断头。利用光源对地面足迹进行搜索，选用最优的方法提取地面足迹。注意提取嫌疑人活动范围内的烟蒂，对嫌疑人触摸过的部位进行指纹显现及生物检材的提取。

四、外围现场勘验、检查

在现场外围要注意提取嫌疑人进出路线范围内的足迹、遗留物品，对嫌疑人可能触摸的部位进行指纹显现及生物检材的提取。将外围痕迹与中心现场痕迹进行比对，分析两种痕迹是否相同，是否还有放风人员。

根据拖拉物品的痕迹、犯罪行为人的足迹，结合现场环境争取找到停车地点。勘验停车点的轮胎印痕特征、轮距等，还要根据行车印痕确定车辆的来去路线。

对现场外围进行搜索，还有可能发现犯罪行为人处理赃物的现场及痕迹物证。

五、视频调取

圈定视频调取范围，查找有无直接拍摄案发现场的监控摄像头，提取嫌疑人、车影像，并及时将其录入勘验系统。如果中心现场没有摄像头，则结合发案时段，对工地周边路面、单位的监控进行保全。结合案件串并，查找可疑人员。

六、有关信息调取

对中心现场及时使用基站信息采集设备采集基站信息，

使用相关设备及时采集 WiFi、网络、位置等相关信息。

七、录入信息系统

将现场勘验、检查情况及痕迹物证信息及时录入“全国公安机关现场勘验信息系统”及相关信息系统，并使用刑事技术网上作战平台进行案件的技术串并、分析研判工作。

第八节　盗窃非机动车案件现场勘验流程

一、访问式勘验、检查

访问事主了解基本情况、联系方式，详细记录案件发生的简要过程包括发案时间、地点和被盗车辆情况。

二、现场实地勘验、检查

1. 明确案件中心现场，固定拍照，制作现场笔录。

2. 在查找痕迹物证的同时，加大对嫌疑人遗留物品、作案工具、生物检材的提取。对遗留物品、作案工具一定要封装保存，原物提取，并在提取前拍照固定。对现场的生物物证进行拍照固定后，封装保存并送检。

3. 进行扩勘：周围车辆是否有被撬盗痕迹，如有，对其进行提取固定。

三、视频及有关信息调取

对现场周边监控进行调取，发现嫌疑人，并对其轨迹进行简单追踪。将嫌疑人的视频原始资料进行保存，清晰截图后将其上传至“全国公安机关现场勘验信息系统”。同时采集现场基站信息，并将基站信息数据上传至“全国公安机关现场勘验信息系统”。使用刑事技术网上作战平台进行案件的技术串并、分析研判工作。

第九节　扒窃案件现场勘验流程

一、访问式勘验、检查

访问事主了解基本情况、联系方式，详细记录案件发生的简要过程包括发案时间、地点和物品损失情况。针对被盗物品进行详细询问并认真记录特征，例如：针对被盗的通信工具等电子产品，弄清品牌、型号、颜色，其中被盗的若是手机，则询问被抢时手机号码、手机串号；针对被盗银行卡或消费类卡片，询问被抢卡的卡号，其中被盗的若是公交卡，则让事主提供卡号或充值小票并记录，如事主记不清，需要了解并记录事主固定乘车时间、上下车地点、有无伴随卡。对于被盗物品的详细特征及相关卡号、串号必须将其录入“全国公安机关现场勘验信息系统”。

二、现场实地勘验、检查

1. 明确案件中心现场，固定拍照，制作现场勘验、检查材料。

2. 寻找嫌疑人可能遗留的物证。物证一定要封装保存，原物提取，在提取前拍照固定。存在生物检材的拍照固定后，封装保存并送检。

三、视频及有关信息调取

对现场周边监控进行调取，发现嫌疑人，并对其轨迹进行简单追踪。将嫌疑人的视频原始资料保存在技术部门，清晰截图后将其上传至“全国公安机关现场勘验信息系统”。同时采集现场基站信息，并将基站信息数据上传至“全国公安机关现场勘验信息系统”。使用刑事技术网上作战平台进行案件的技术串并、分析研判工作。

第八章　各类痕迹物证信息采集规范

第一节　形象痕迹的采集规范

一、手印的显现提取

手印提取应坚持先静后动的原则，尽量做到无损显现提取。手印显现提取前应根据客体表面的性质和手印的物质成分，分析手印、DNA及其他物证提取的先后顺序，制定适当的手印显现、提取方案。手印显现应注意采用多种显现方法互相配合，提高手印显出率。手印提取前还应注意观察客体表面状况，如果客体潮湿，应尽量阴干后再显现提取，不能使用强光源等方法加速干燥，防止油脂和汗液蒸发。对于低温客体，一定要在其温度自然回升到正常温度后再显现提取。

对于非渗透客体上遗留的汗液手印，通常采用粉末刷显法或“502”胶熏显法显现提取；对于渗透性客体上遗留的汗液手印，通常采用茚三酮、DFO或茚二酮显现法提取；粉尘手印用拍照提取；潜血手印用四甲基联苯胺、氨基黑10B及酸性黄显现法提取；胶带粘面上手印用微粒悬浮液法（如碳素墨水、湿粉）显现提取或拍照提取；油脂类手印采用油红O及紫外照相等方法提取。

（一）粉末刷显法

首先要根据客体性状选择合适粉末，通常使用金粉、银粉、磁性粉、荧光粉及荧光磁性粉进行刷显，粉末要干燥松散且颜色与客体要有一定反差，利于观察、拍照、检验。

1. 直接刷显法。用软毛刷蘸取适量粉末沿垂直物面从下往上扫动，使粉末黏附于客体，看到纹线后，弹掉毛刷上多余粉末，顺纹线的走向刷显，直至纹线清晰。

2. 撒粉刷显法。用软毛刷蘸取适量粉末，轻弹刷柄，使粉末均匀覆盖在客体表面，弹掉毛刷上多余粉末，用毛刷在客体上轻扫，看到纹线后，顺纹线的走向刷显，直至纹线清晰。

3. 撒粉抖显法。用软毛刷蘸取适量粉末，轻弹刷柄，使粉末均匀覆盖在客体表面，或将粉末直接倒在客体表面，然后双手拿住客体两边，使其左右抖动，让粉末滑过疑有手印的客体，手印显出后，去掉多余粉末。

4. 磁性粉刷显法。用磁性刷将磁性粉吸起，形成粉穗，用粉穗轻轻刷显，直至显出清晰纹线。注意磁性刷头部切忌与客体接触，以免破坏手印纹线。

（二）“502”胶显现法

1. 自然熏显法。将要显客体悬挂于熏显箱或其他密闭容器内，在其底部放一小器皿，在器皿内滴上适量“502”胶，将熏显箱或容器关闭，1～2 天可将手印显出。

2. 加热熏显法。将要显客体悬挂于熏显箱内，在 2 个加热盘内分别滴入数滴“502”胶和水，接通电源，进行自动熏显，约半小时即可显出手印。

3. “502”胶真空加温加湿法。“502”胶真空加温加湿法是在真空条件下对潜在手印进行熏显，真空条件加速了“502”胶单体分子间的碰撞概率，使聚合反应的产物均匀地附着在客体表面呈现透明或半透明状，在外观表现形态上呈纤维状线条且无规则排列，更加适用于后续增强染色处理。

4. “502”胶熏显后的二次增强处理技术。“502”胶熏显法处理过的手印常呈白色或透明状，当应用于浅色客体时，由于与背景反差较小，显现效果大大降低。解决此问题目前最常见的方法就是熏显后再进行二次增强处理。“502”胶熏显聚合产物表面结构疏松，可与粉末或染色剂以一定作用力相结合，因此常见的“502”胶二次增强处理方法有：磁性粉末或荧光粉末刷显，化学染料显色处理，如罗丹明 6G、基础黄等。

5. “502”胶同步熏显染色技术。“502”胶同步熏显染色技术不但能够降低因操作不当而导致物证损坏的风险，而且有利于现场勘验人员规范化操作，获得较为理想的显现效果。早期的同步熏显是在“502”胶中加碘进行同步熏显染色，即在“502”胶熏显时，加入少量的碘或者是将适量碘溶于丙酮溶液中，使其在加热时与“502”胶共同挥发，显现手印呈浅黄色，但由于碘极易升华，因此显现手印的固定时间较短，且由于碘是强氧化性物质，因此该方法会对熏显设备造成一定损害。

目前国外出现了很多新型荧光粉末，如 Poly Cyano UV、Lumicyano™等，不仅能够实现同步熏显，而且显现手印因带有荧光特性更易于观察。

（三）茚三酮显现法

1. 溶液配制：将 2～3 克的茚三酮溶解在 100 毫升的丙酮或无水乙醇溶液内，用玻璃棒搅拌均匀。

2. 处理：用脱脂棉球蘸取配制好的溶液，点蘸涂抹在疑有手印部位，或将客体浸泡在溶液内，客体表面均匀附着溶液后取出。

3. 将处理好的客体，自然晾干后，置于室内环境，自然显现，一般需要 12～24 小时。或将将处理好的客体，自然晾干后，置于茚三酮熏显箱中适当加湿、加热，约 20 分钟即可显出手印。

4. 对显出的手印应及时拍照固定，防止手印消退。

当前市售的茚三酮喷罐等产品也可快速显现渗透性客体上潜在手印，其便捷高效，更易于现场快速检测。

（四）DFO 显现法

1. 溶液配制：将 0.36 克 DFO 倒入适合大小的烧杯中，

加入24毫升二氯甲烷，用玻璃棒缓缓搅拌至完全溶解，再依次加入甲醇48毫升、醋酸28毫升以及石油醚900毫升并混合均匀。

2. 操作方法：在通风橱内将适量的DFO溶液倒入容器中，将检材浸泡5～10秒，取出晾干，重复操作两次。

3. 将处理好的检材放入100℃恒温箱内，10分钟后取出。

4. 在暗室条件及多波段光源蓝绿光（510～560纳米）激发照射下用橙红色护目镜观察，手印为橙红色，直接拍照提取。

（五）茚二酮显现法

1. 溶液配制：首先配制氯化锌储存液。将0.4克氯化锌置于适合大小的烧杯中，加入10毫升无水乙醇，用玻璃棒缓缓搅拌至完全溶解，再依次加入1毫升乙酸乙酯以及190毫升石油醚并混合均匀。其次配制显现液。0.8克茚二酮溶于90毫升乙酸乙酯中，充分溶解后向溶液里依次加入10毫升乙酸、80毫升氯化锌储存液和820毫升石油醚。

2. 操作方法：在通风橱内将适量的茚二酮显现液倒入容器中，将检材浸泡5～10秒，取出晾干，重复操作两次。

3. 将处理好的检材放入100℃、相对湿度60%的恒温箱内烘烤10分钟后取出。

4. 在暗室条件及多波段光源535纳米激发照射下用红色护目镜观察，直接拍照提取。

（六）四甲基联苯胺显现法

1. 溶液配制：将1克四甲基联苯胺溶于100毫升的无水乙醇内，再加入20滴浓度为3%的双氧水，用玻璃棒搅拌均匀。

2. 操作方法：首先在疑有潜血手印部位用无水乙醇多次固定。对于非渗透客体，可先用松香烟熏染，弹去多余黑烟，防止扩散，后用棉球蘸取试剂轻轻点蘸涂抹在疑有潜血手印处。

3. 注意事项：四甲基联苯胺有毒，操作时应在通风处进行，另外此方法对果汁、乳汁、铜盐、铁盐、碘盐均能产生类似反应。

（七）氨基黑10B显现法

1. 溶液配制：首先配制A液。1克氨基黑10B加5毫升醋酸溶于95毫升无水乙醇中，搅拌至完全溶解。其次配制B液。100毫升醋酸加入900毫升无水乙醇。

2. 操作方法：先将血手印用无水乙醇充分固定。干燥后，用A液显现，可用浸泡或涂抹的方法；再用B液漂洗，洗去多余的染料，使反差加大。

（八）酸性黄显现法

1. 溶液配制：首先配制固定液。20克5-磺基水杨酸溶于1 000毫升蒸馏水中，搅拌至充分溶解。其次配制染色液。0.5克酸性黄溶于350毫升蒸馏水中，充分溶解后向溶液里依次加入25毫升乙酸和125毫升无水乙醇。最后配制漂洗液。500毫升无水乙醇、100毫升乙酸、1 400毫升蒸馏水混合均匀。

2. 操作方法：将检材置于固定液中浸泡5分钟后取出晾干；再放入酸性黄染色液中浸泡5分钟后，用漂洗液多次漂洗直至洗去表面残留的浮液，待干燥后用440纳米光源激发，橙色滤光镜观察拍照。

（九）悬浮液法显现提取

将适量悬浮液倒入盘中，将待显胶带慢慢剥离平整后，分别用镊子夹住胶带两头，在悬浮液中来回拖动5分钟（注意胶带不要与盘底接触），后用细水流将多余悬浮液冲洗干净。

二、足迹提取

（一）拍照提取

平面足迹、立体足迹、单个足迹、成趟足迹都可采取拍照提取。拍摄成趟足迹时要用2条皮尺沿成趟足迹两侧边缘拉成平行的直线，作为拍摄坐标。

（二）粉尘类足迹提取

对平面加层或减层粉尘类足迹应使用静电吸附仪进行提取。提取前先拍照固定，再将静电膜片的塑料膜面朝下覆盖在疑有足迹部位，用静电仪让静电膜片的塑料膜金属面均匀带电，使静电膜片与地面紧紧吸附后，去掉电极。提取足迹后的静电膜片要先拍照固定。

（三）汗潜赤脚印提取

汗潜赤脚印采用与汗潜手印相同方法提取。

（四）血迹、油脂类足迹的提取

血迹、油脂类足迹采用与血手印、油脂手印相同方法提取，显现前先拍照固定，显现后及时拍照。

（五）立体足迹提取

1. 根据立体足迹大小，在足迹周围 2～3 厘米处安放足迹围栏或制作 1 个 3～4 厘米高的围墙。

2. 清理足迹形成后落入足迹内的砂石、树叶等杂物。

3. 选取牙科医用石膏适量，慢慢将其撒入装水的盆中并匀速搅拌，防止出现气泡，待石膏液黏稠度合适后再灌注石膏液。

4. 用合适盛装物将石膏液沿足迹最低处边缘缓慢倒入，自然灌满整个足迹的表面。当石膏液距足迹最高处厚度 1 厘米处时放入骨架，并继续灌注石膏液。

5. 石膏完全凝固前，用硬物在石膏上面写下案件信息。待石膏完全凝固后，撤下围墙，小心取出石膏模，用清水冲洗掉足迹表面的泥沙即可，不得用刷子刷洗。

6. 制好的石膏模要用柔软的衬垫物包装好，放入硬箱子内，箱子内要用碎纸等软物填实，防止石膏模与箱体碰撞。

三、工具痕迹提取

（一）原物提取

对于小物件可以原物提取。对大物件经事主同意后截取部分原物，截取部分原物时要做好标识，防止截取痕迹与原痕迹混淆。注意事项：

1. 要用软物对痕迹部位进行保护，防止痕迹部位受损。

2. 对于易脱水腐败的客体（如水果），应进行保鲜处理，防止客体脱水或腐败。

3. 对于易生锈客体，应选用无色无毒的防锈液进行处理，防止痕迹部位生锈。

（二）制作模型提取

1. 硅橡胶法：根据痕迹大小，取适量调制好的硅橡胶注入痕迹中，待凝固后从边缘轻轻掀起。

2. 硬塑料法：根据痕迹大小，取适量医用硬塑料放入装有热水（60～80℃）的杯子中，待硬塑料软化后取出揉搓，使其软硬适宜。取适量甘油涂抹在工具痕迹位置，再将软化后的硬塑料直接压在痕迹位置，等5分钟后即可取下。

四、枪弹痕迹提取

（一）拍照固定

现场发现的每个弹头、弹壳都应先拍照固定。

（二）弹壳弹头提取

用干净的竹制镊子小心夹取或用清洁的软纸、棉花或纱布抓取，防止用力过当在弹头、弹壳上形成刮擦痕迹。射击弹头已射入墙壁、泥土或木头中时要小心挖掘，以防破坏弹头上的痕迹。

（三）枪支的提取

提取枪支时要特别注意安全，首先检查枪支是否处于待击状态，包括枪支保险状态及其他击发机构的状态。如枪支处于待击状态，则应先采取措施，使其处于安全状态。其次检查枪支枪膛及弹匣内是否还有子弹，如有，记录子弹数量及状态后卸下子弹，用干净的物证袋分别包装提取的枪支、子弹和弹匣。

操作时注意采取适当措施，防止破坏枪支、现场弹头、现场弹壳上可能存在的指纹、微量物证和生物检材。

第二节　生物物证的采集规范

一、血液及血痕提取

1. 各种纺织物品上的遗留血痕，小件纺织物品上的可以整件提取。如不便整件提取或血痕附在较大件的纺织物品上，可以将血痕剪下，并记录其所在部位。

2. 树叶、草叶、禾秆等小件客体上附着的血痕均可整件提取。较大的木质类客体上的血痕，可根据客体的情况采取切削薄片或锯端角处等方法提取。

3. 光滑水泥地面、铁木器具、漆面、玻璃、陶瓷、塑料、光洁的金属物品等质地致密的客体上的血痕，除附着在较小、易于提取的物品上的可以整件提取，否则采用擦拭方法提取或刮取。擦拭方法是根据血量的多少，准备适量的纱线或棉签，用蒸馏水浸润（不要留多余水分）后仔细擦拭血痕，再用干纱线或棉签在已擦拭部位擦拭，阴干后，分别包装。

4. 质地松软的客体如沙灰墙、泥土中的血痕，尽可能采取纱线（布）转移提取，也可采用刮取、挖取的方法，应注意将血痕尽量全部提取并尽可能少混带客体物质，勿使土块破碎，包装勿挤压冲撞。

5. 较小凶器上的血痕应整件提取或分段提取；较大凶器上的血痕可按照质地致密客体上的血痕提取法提取，分段提取。

6. 身体上附着的血痕，在皮肤表面的可以用纱线转移提取。提取指甲缝中的血痕、组织时，可小心将指甲剪下，分别包装提取。

7. 有关人员的比对血样，可从耳垂、指尖或静脉取血，直接涂于干净纱布、滤纸或其他采血材料上并在阴凉处晾干。

8. 在尸检时应提取尸体血样，未腐败尸体取心腔血。

9. 通过血液检验鉴定亲子关系，取末稍血制成血斑。

10. 现场留有尚未干涸的血迹，用纱布直接提取，阴干。

二、精斑提取

1. 衣物、被褥等各种织物及卫生纸上遗留的可疑精斑的提取方法与同类客体上的血痕的提取方法一致。

2. 被害人阴道内的精斑，一般用纱布块、棉球擦取，纱布块不能太大。提取时需注意先外后内，分段提取，阴干。

3. 皮肤表面精斑，可用纱布（线）、棉球转移擦取，同时提取精斑所附着个体的血样作为比对样本。

4. 植物上的精斑，取整件或取精斑遗留处的枝段；土地上的精斑，按土地上的血痕的提取方法提取。

5. 遗留在质地致密客体上的精斑的提取方法与同类客体上的血痕的提取方法相同。

6. 强奸案的嫌疑人，可以用湿润纱布或棉拭子擦拭其阴茎或提取其内裤等。

7. 可疑口交或鸡奸案件的活体和尸体，均用纱布块擦拭口腔或直肠提取，阴干。

8. 对于强奸案件在提取精斑的同时，还需提取被害人、嫌疑人及有关人员（如丈夫）等的血样供甄别。

三、唾液斑提取

1. 唾液供者唾液的提取，让唾液供者清水漱口后，取口腔拭子在其口腔内壁上刮擦，待拭子浸湿后取出阴干。

2. 烟蒂提取。分别用干净的镊子逐一夹取现场烟蒂，并逐一包装。

3. 对用于堵嘴的手帕或衣物等均应整件提取，如有湿润部位，应进行标识，阴干后包装。

4. 对尸体或活体皮肤等留有咬痕或可疑被舔吻部位，应用两步擦拭法，即先用湿的棉拭子或纱布擦拭，再用干棉拭子或纱布擦拭相同部位，阴干，2 次提取的物证应装入同一物证袋。

5. 嫌疑人可能用过的口杯、茶具等均可用两步擦拭法擦拭其边缘部位，或实物提取。

四、尿斑提取

1. 遗留在衣物、被褥等各种织物上的可疑尿斑的提取与遗留在同类客体上的血痕的提取方法相同，同时提取空白检材。

2. 提取遗留在容器中的尿液，应将提取的尿液装入干净玻璃瓶中。

3. 提取遗留在地板、马桶上的尿液，可以选择用滤纸吸附，阴干。

五、毛发提取

毛发应分别提取，做好记录，提取动作轻柔，避免将黏附在客体上的毛发拉断或将毛发上的附着物擦掉。如果毛发在客体上黏附较紧，可将毛发和客体一同提取。

注：没有毛囊的毛发只能做线粒体检测。

六、软、硬组织提取

1. 人体组织碎块应整块提取，分别装入洁净的试管或瓶内，冷冻保存。干燥的组织碎块可装入纸袋，低温存放。大块组织可切下30克备检，其余部分冷冻保存。

2. 提取黏附有灰、土、油迹等组织碎块时，应同时提取黏附客体的空白物。

3. 对发现较多的白骨化骨骼，优先提取其中没有蛀洞的牙齿、两端完整的长骨。

七、鼻涕（斑）、痰液（斑）提取

1. 遗留在卫生纸上或手帕上的鼻涕斑及痰液斑可整件提取；遗留在衣物上的鼻涕斑或痰液斑，可以剪下斑迹，用纸袋包装。

2. 遗留在现场地面上的鼻涕斑迹或痰液斑迹，湿润的斑迹可用纱布擦拭提取，干燥的斑迹可用洁净的工具刮取。

八、脱落上皮细胞、接触DNA提取

1. 提取脱落上皮细胞、接触DNA时要防止污染，特别要防止现场勘验、检查人员及实验室检验人员对检材的污染。

2. 小件物品（如手套、衣服、螺丝刀）可以整件提取，小心包装；大件物品，可以用少量纱线，采取干湿两步法提取。

九、流产、引产胎儿亲子鉴定检材提取

1. 为亲子鉴定而提取的流产物，应用洁净器皿收集流产物，冷冻保存，软组织可保存于70%以上的乙醇溶液中，不允许用甲醛等化学溶液固定。

2. 流产物常混有母体组织，应用洁净器皿收集引产胎儿组织，同时采集母体血样，冷冻保存，软组织可保存于70%以上的乙醇溶液中。

十、腐败尸体生物检材提取

1. 尸体腐败后不同组织DNA检验成功率不同，成功率由高到低的顺序依次为软骨（肋软骨）→指甲根部→肌肉→血纱……

2. 骨骼及牙齿保存DNA的时间较其他组织长，必要时应提取骨骼及牙齿。

十一、癌症、骨髓移植及输血患者样本提取

1. 癌症患者有关检材进行DNA检验时应慎重，须同时取口腔擦拭物和血样。

2. 输血患者和骨髓移植患者，应采集口腔擦拭物。

第三节　微量物证的采集规范

一、纤维物证的提取

1. 对于肉眼可见、易提取的纤维，可用镊子直接提取。对于附着在承载客体上短小细微、不易用镊子夹取的纤维，可用微量物证提取专用纸提取。

2. 对于散落在较大面积上的纤维，可用吸集器吸取。对于附着于衣兜、包裹等内部的纤维，可在大小适中的白纸上，将衣兜、包裹等翻转并轻轻抖动、拍打后收集提取。

3. 对于大块织物可用剪刀在不同状态、颜色处各剪取少部分提取。

4. 对于散落于平整物体表面且散落面积较大、不易用以上方法提取的纤维，可使用静电吸附器提取。

5. 对于不能用上述方法进行提取的纤维，可连同承载客体一起提取。

6. 提取到的纤维，可用大小适宜的物证袋直接封装或将其用磨口具塞玻璃样品瓶封装。对于单根纤维，用两片载玻片将其夹在中间，以透明胶带固定后用物证袋封装。

7. 微量物证提取专用纸提取的纤维，直接粘贴在载玻片上，用物证袋封装。连同承载客体一起提取的纤维，应将承载客体固定在硬质盒内进行包装。

8. 在现场提取纤维线绳时，如果线绳上打有结扣，应注意保存结扣的原状，如果必须解下线绳，应在无结扣处剪断线绳，以保留结扣的方式和特点。

9. 提取现场遗留的织物时，应注意发现和提取其上的各种附着物，如油泥、斑痕、泥土等。应注意保存织物上的人体气味，以便使用警犬进行鉴别、追踪或进行气味分析。

二、玻璃物证的提取

1. 有一定的形状和体积、肉眼可见的玻璃残渣、碎块、碎片，可直接用镊子夹取。

2. 嵌在鞋底、轮胎、塑料、人体等物体中的玻璃颗粒，可用镊子提取。

3. 难以用镊子提取的玻璃微粒，可用胶带纸粘取。

4. 地面不易发现的玻璃颗粒，可用吸集器吸取。

5. 头发中的玻璃颗粒可用篦梳梳取。

6. 存有可疑玻璃残渣的衣物等物品应整体提取。

7. 提取的玻璃、衣物等可疑物品用物证袋或硬质盒直接封装，对于边缘锋利或尖锐的玻璃，应使用硬质盒包装。不宜使用玻璃容器直接盛装玻璃物证，以免容器破裂污染检材。

三、易燃液体残留物的提取

1. 提取部位。在起火部位和起火点区域内提取可能残留的易燃液体残留物。

2. 提取物证种类。起火点部位的残渣；可能含有易燃液体残留物的土壤、地砖、水泥地面以及地板、地毯等；死伤者和犯罪嫌疑人的衣物；盛装易燃液体的容器及其残片；可疑液体；可能含有易燃液体残留物的其他检材；空白样品。

3. 提取方法。液体检材用吸管吸取或用脱脂棉、滤纸蘸浸提取；对盛装易燃液体的容器及其残片等整体提取。对残渣、可能含有易燃液体残留物的土壤、地砖、水泥地面以及地板、地毯等采用破拆工具提取。对现场能明显区分出油渍痕迹的衣物，要用剪刀剪下其油渍痕迹处，密封并及时送检；对不能区分出油渍痕迹的衣物，应整体提取，并各件单独包装。

4. 检材保存。液体检材放入磨口具塞玻璃样品瓶或密闭金属容器中立即密封；固体检材放入密封塑料物证袋或密封容器内立即密封。

四、油脂物证的提取

1. 容器盛装的油脂。液态油脂，可用吸管吸取或脱脂棉、滤纸蘸取；固态油脂，可用金属勺提取。

2. 物体表面的油脂。大量的油脂，可用吸管吸取或脱脂棉球擦取；少量的油脂，可用蘸有乙醚、二硫化碳的脱脂棉球擦取。

3. 渗透在承载客体内的油脂。承载客体较小时，应连同承载客体一并提取；承载客体较大且质地较软时，可用手术刀片切取有油脂检材的部位；承载客体较大且质地较硬时，可用蘸有乙醚、二硫化碳等有机溶剂的脱脂棉球擦拭提取。

4. 容器盛装的液态或固态油脂。脱脂棉球擦拭提取的油脂可用玻璃容器密封包装；连同承载客体一并提取的油脂检材，可用硬质盒悬空包装。

五、爆炸残留物的提取

1. 爆炸现场尘土。提取炸坑压缩壁上的表层土；冲击波扩散方向的障碍物表面尘土用毛刷直接提取；根据现场环境、风向、冲击波的作用范围及方向，从炸点开始，沿不同方向，以一定间隔距离提取系列表面尘土检材。每处检材提取面积应在 0.5 平方米以上。

2. 烟熏痕。承载客体较小时，烟熏痕与承载客体一并提取；承载客体较大不能一并提取时，用丙酮/去离子水（1∶1）棉球擦拭提取。

3. 爆炸现场遗留物。包装物、捆绑物、填充物、死伤者衣物等爆炸现场遗留物采用筛选、分离方法提取。

4. 人体爆炸伤处炸药残留物可用丙酮/去离子水（1∶1）棉球擦拭提取。

5. 关联现场中炸药残留。提取嫌疑人手上炸药残留物，应先剪取涉案嫌疑人十指指甲，后用丙酮/去离子水（1∶1）棉球擦拭嫌疑人双手；涉案嫌疑人衣物应直接提取；对于爆炸装置制作场所炸药残留物，应直接提取有关制作工具、包装物及制作场所相关客体表面的尘土、附着物等。

6. 应提取空白比对样品，如空白土样等。

7. 擦拭棉球应用磨口玻璃器皿密封盛装，其他检材应用物证袋包装。

六、金属物证的提取

1. 金属物证的提取宜使用非金属工具。

2. 肉眼可见的金属，可直接提取。紧密附着在承载客体上的金属，可用金刚石刀刮取。镶嵌于软质承载客体上的金属，宜用镊子提取。具有铁磁性的金属碎屑，可用磁铁隔纸吸取。

3. 织物上附着的金属碎屑，可抖落在白纸上收集提取。地面上不易发现的微量金属碎屑，宜用吸集器吸取。

4. 不能用上述方法进行提取的金属，应连同承载客体一起提取。

5. 电流斑痕微量金属沉积物应沿损伤斑痕外沿将表皮完整切取。

6. 提取电流斑痕微量金属沉积物时，应提取非损伤部位表皮作为空白样品。

7. 提取的金属可用具塞玻璃容器或物证袋直接封装。连同承载客体一起提取的检材，应固定在硬质盒内封装。

8. 电流斑痕检材用塑料物证袋包装，应冷冻保存，不允许用甲醛等化学溶液固定。

七、泥土物证的提取

1. 较大量的泥土应直接提取。分布面积较大、缝隙中的泥土可用吸集器吸取或毛刷提取。

2. 附着在承载客体上的微量泥土，连同承载客体整体提取。附着在较大承载客体上、无法整体提取的少量泥土，可用刀片刮取、专用胶带粘取或静电吸附器吸取。

3. 比对样品的提取部位应遵从随机、多点的原则，取样深度应一致，分层提取。

4. 在泥土物证的附着客体上应注意提取空白样品。

5. 直接提取的泥土应用物证袋封装；连同承载客体一并提取的检材，附着的泥土应避免与包装物接触。

八、射击残留物的提取

1. 射击残留物提取重点部位。射击嫌疑人左右手的虎口、拇指外侧、食指外侧，射击嫌疑人上衣左右袖口，疑似弹着点及枪击孔洞周围，射击嫌疑人身体其他部位及相关物体表面。

2. 人体上射击残留物，用射击残留物专用取样台在取样部位粘取，直至胶面失去黏性，然后放入样品盒。

3. 提取衣服上射击残留物，应先将左右袖分别套上塑料袋，再叠好放入塑料物证袋。

4. 提取织物上疑似弹着点处的射击残留物时，应先用塑料膜盖在孔洞两侧，再叠好放入塑料物证袋。

5. 提取其他客体上疑似弹着点处的射击残留物时，将疑似弹着点与承载客体一同提取，疑似弹着点处悬空固定在带盖的盒中。

6. 提取弹头、弹壳、枪支表面或涉枪案件现场有关物体上的射击残留物时，分别整体提取封装。

7. 接触过枪弹或触摸过案件现场物品的人员，不应进行射击残留物取样操作。

8. 提取嫌疑人身体和衣物上的射击残留物，应在射击后第一次洗手或洗衣服之前进行。提取射击嫌疑人上衣时应减少翻动，以免射击残留物损失。

第四节　视频图像信息的采集规范

1. 对于涉及国家秘密、商业秘密或个人隐私的视频图像信息，办案人员应该保守秘密。除检验外，不得复制、传播与案件无关的内容。

2. 视频图像信息不得在诱惑、引导甚至在刑讯逼供下取得。

3. 对于内容淫秽的视频图像信息，以扣押的形式提取并执行关于扣押的法律规定。

4. 现场提取视频图像信息应拍照固定，准确反映视频图像信息在现场所处的位置、视频图像信息的类型和数量等情况。

5. 准确记录现场视频图像信息播放设备的名称、型号，必要时连同视频图像信息一并提取。

6. 为全面反映案（事）件发生的整个过程，应当尽可能提取现场周围所有监控探头的有效视频资料，同时应绘制监控视频分布图，完整反映监控视频拍摄点的位置、拍摄范围、事物运行轨迹并记录视频探头名称、类型、归属及校正时差等信息。

7. 从监控系统提取与案件有关的信息时，必须制作提取笔录，要有监控系统管理员或见证人签名。

8. 解决有关监控设备方面的专业技术问题时，可以由监控系统的设计部门、安装部门或管理部门专业人员从旁协助。

9. 在提取监控资料前，办案人员应当确定监控信息的内容和来源。

10. 提取监控资料必须使用“拷贝、复制”方式，不得使用“剪切”方式，并要求监控系统管理员保留原始数据以备查对。

11. 应当对有效时段内所有监控信息进行全面复制，并注明复制的时间、地点、原因、方法、过程以及录像（音）机和介质类型、摄像头所处的位置及录制人（管理人）。

12. 在提取、存储、转录监控资料过程中，严禁任何修改事实的编辑操作；不得对数据进行压缩及格式转换等处理；审听、审看过程不应使原始资料品质下降；不得掩蔽有用信号。

13. 如果声像信息本身带有病毒，应交由专业人员处理，不应轻易杀毒。

14. 视频图像信息应做好防潮、防磁处理。

第五节　电子物证的采集规范

一、易丢失证据的提取

（一）时间信息的提取

对于任何有内置时钟的设备，都必须记录该设备当前时间、该时间与北京时间的时差以及时区设置。

（二）屏幕上显示信息的提取

必须拍摄电子设备屏幕上显示的内容，同时记录拍摄的时间。

（三）有密码保护数据的提取

对于有密码保护的数据，常见有操作系统级 EFS 加密文件或第三方工具加密磁盘、目录、文件，以及包括 QQ 等即时通信程序、在线电子邮箱等需要账号登录的各类应用，若处于打开或运行状态，应及时提取其数据。

（四）系统运行状态的提取

1. 传统案件中系统状态信息的提取。

对于传统案件，一般需要提取的计算机系统状态信息包括：

（1）系统当前运行的进程。

（2）每个进程当前打开的文件。

（3）每个进程内存中的内容。

（4）当前网络连接状态。

2. 计算机系统入侵案件中系统状态信息的提取。

对于计算机系统入侵或破坏案的攻击方和被攻击方来说，一般需要提取的系统状态信息包括：

（1）当前运行的进程。

（2）每个进程当前打开的文件。

(3) 每个进程内存中的内容。

(4) 每个进程提供的网络服务端口。

(5) 每个进程所依赖的模块列表。

(6) 当前网络连接状态和网卡当前运行模式（是否存在侦听)。

(7) 当前网络共享列表。

(8) MAC 地址。

(9) ARP 缓存表。

(10) 当前登录用户以及登录的时间。

(11) 对于 Unix/Linux 系统，还需要提取当前登录用户正在执行的命令、以前执行的命令列表。

(五) 其他电子设备中易丢失证据的提取

提取人员必须意识到对于绝大多数电子设备来说，在切断电源时会丢失一些信息，必须根据具体情况分析该电子设备中是否包含易丢失证据以及是否需要提取这些证据。比如对于传真机来说，在未关闭电源之前必须提取该传真机最近发送的目标电话号码，在关闭传真机之后该电话号码就无法提取。

(六) 易丢失证据提取注意事项

1. 不得使用目标系统上的程序实施提取，应使用自带的软件实施提取。

2. 不得使用消耗大量资源的软件实施提取。一般情况下不要使用图形界面的软件，而要使用命令行界面的软件。

3. 不得将提取的信息存储在目标系统原有的存储媒介中。

4. 保护易丢失信息的完整性和真实性。在提取这些信息过程中，必须有见证人在场，并且详细记录提取过程（记录执行的命令或者使用摄像机记录提取过程）和提取的时间。对于提取得到的信息必须使用哈希算法（MD5 或 SHA1）计算得到信息的哈希值，打印这些哈希值并由见证人签名。

二、电子物证提取

（一）设备编号、标识

应在移动、关机前，为每个设备编号，贴上号码标签，标签上还应记录设备的基本类型、型号、使用的操作系统。

对于手机，应记录手机串号。开机状态下输入 * #06# 获知串号，关机状态下卸下电池查看机内标签。

（二）记录现场设备及其连接状态

1. 现场设备应拍照固定，准确反映现场设备在现场所处的位置及周围环境。

2. 对各种可疑设备、存储介质等，要从不同的角度对设备上的信息如系列号、主要技术指标拍摄清楚，重点证据较多时应在拍照前编号，并将号码标签拍入画面。

3. 对设备、电缆、网线等设备的连接处进行拍照并绘制连接拓扑图，必须保证获得的照片和拓扑图能够重新完整地复原设备的连接状态，并且能够从多个角度反映该设备在现场所处位置。

4. 在拆卸设备时，在每一对连接点处分别粘贴标签，并标以相同的序号，保证以后可以根据这些标签完整复原设备的连接状态。

（三）关闭电源

1. 在提取易丢失证据或现场在线勘验、检查之后，应立即关闭电子设备的电源。对于需要但现场未能提取易丢失数据的计算机或手机，应借助带电移机工具实现保持开机状态的转移。

2. 一般情况下不得采用常规的流程关闭计算机。对于台式机必须直接拔除台式机背后的电源插头切断电源；对于笔记本电脑，按下电源开关持续10秒左右或拔掉电源线、卸下电池即可关闭电源。

3. 对于小型机以及Linux/Unix系统，非紧急情况下不要草率关机，必须向相关的专家和系统管理人员咨询后确定关机的方法。

4. 对于手机，应保持开机状态，及时放入信号屏蔽容器。不具备条件的，以卸下并立即装回电池的方式关闭手机。

（四）存储媒介的镜像

1. 一般情况下应直接带走可疑电子物证。如果由于特定的原因没法带走设备，必须采用按比特镜像的软件或专用的镜像设备对存储媒介进行按比特镜像。对于每个存储媒介必须镜像两个备份。

2. 必须使用哈希算法计算所镜像的存储媒介的哈希值，打印该哈希值，记录镜像的时间、存储媒介的型号，并由见证人签字认可。

（五）外部设备、资料的提取

1. 在提取台式机或服务器时，只需提取主机。如果发现计算机上运行专用的软件，要搜查与该软件相关的说明书、软件狗、配套光盘、配套硬件等外部设备。

2. 在提取笔记本电脑时，应同时提取与该笔记本电脑配套的电源、外接软驱、光驱以及 PCMCIA 卡。如果笔记本电脑上没有软驱、光驱或网卡接口，则要向该设备的使用者咨询这些外部设备的去向。

3. 在提取 PDA 和移动电话时，应同时提取与其配套的电源、充电器、与计算机的连接设备、配套的光盘。留意其当前使用的电池的电量，如果电量过低，应当给予充电或更换电池。

4. 在提取磁盘阵列时，应同时提取与该磁盘阵列相关的驱动卡和电缆，并记录该磁盘阵列与主机的连接关系。同时还必须提取与该磁盘阵列相关的软件光盘、操作手册、产品说明等资料。

5. 在提取可移动存储设备时，如果调查人员自己并没有该存储设备的读写器，在必要情况下要注意提取相应的读写器。发现有老式的存储设备（比如 5 寸软盘）则必须提取该存储设备的读写器。如果有备份磁带，则同时提取磁带读写机。如果有智能卡，则同时提取智能卡的读写器以及与该读写器相连的计算机设备。

6. 如果存在针式打印机，并且嫌疑人的犯罪行为与打印信息有关（比如制作有害信息宣传品），要注意搜查打印机使用的色带（包括废弃的色带和当前使用的色带），色带上可能存留有最近打印的信息。

7. 如果需要提取的设备是调查人员无法识别的设备，应一并提取与该设备相连的其他设备（比如电源以及与该设备相连的计算机）。必须搜查或向用户咨询是否有与该设备相关的光盘、配套设备和技术资料，如果有则一并提取。

8. 调查中要注意搜查嫌疑人记录信息使用的笔记本、纸张等，嫌疑人可能会将账号、口令、联系人信息等与案件相关的信息记录在这些地方。

9. 现场勘验、检查时要向系统管理人员咨询各个存储媒介是否有相应的备份系统。要向系统管理人员咨询从案发时到调查人员到达现场过程中是否更新过系统中的硬件（比如更换硬盘），要注意追查原有硬件设备的去向。

（六）物证的封存

1. 采用的封存方法应当保证在不解除封存状态的情况下，无法使用被封存的存储媒介和启动被封存的电子设备。比如，对于计算机应封存电源接口、机箱接合处。

2. 对于存储媒介，必须在该存储媒介温度降低到室温后，使用防静电、防水的包装介质封装，并贴上封条或胶带进行密封。贴上标签并注明获取的时间、人员姓名以及设备的型号。必须保证存储和运输过程中这些存储设备远离其他磁性介质。对于软盘、磁带、光盘等存储介质应封装在坚固的存储箱中，避免这些存储介质被弯曲或折断。

第九章　勘验、检查人员出庭作证及新闻媒体的应对

第一节　勘验、检查人员出庭作证

一、概念

勘验、检查人员出庭作证是指现场勘验、检查工作中承担勘验、检查任务的人员按照《刑事诉讼法》等法律、法规出席法庭，就案件的勘验、检查情况向法庭提供证言的活动。

勘验、检查人员出庭作证是直接言词原则的表现，是正确认定案件事实的内在要求。根据我国《刑事诉讼法》及有关司法解释的规定，公诉人、当事人或者辩护人、诉讼代理人对证人证言有异议，且该证人证言对案件定罪量刑有重大影响，人民法院认为证人有必要出庭作证的，证人应当出庭作证。人民警察就其执行职务时目击的犯罪情况作为证人出庭作证，适用前款规定。公诉人、当事人或者辩护人、诉讼

代理人对鉴定意见有异议，人民法院认为鉴定人有必要出庭的，鉴定人应当出庭作证。经人民法院通知，鉴定人拒不出庭作证的，鉴定意见不得作为定案的根据。

二、勘验、检查人员出庭作证的一般原则

（一）树立现代司法理念，积极适应角色转变

在我国传统诉讼理念中，警察一直处于询问或讯问者的“主动性”角色，有一定的地位优越感，习惯于以追诉犯罪者的角色出现于刑事诉讼过程之中，并且，案件侦查终结，移送检察机关审查起诉通常意味着侦查程序的终结，而勘验、检查人员出庭作证则意味着勘验、检查人员将按照法律规定出席法庭，处于被询问者的角色，这需要勘验、检查人员适应角色的转变，树立现代诉讼理念。这主要包括：一是树立以“诉讼为中心”的理念。刑事诉讼惩罚犯罪、保障人权的机能必须通过完整的刑事诉讼进程体现，侦查破案仅仅是一个阶段，要实现刑事诉讼目的，还必须公诉胜诉，做出有罪判决，勘验、检查人员出庭作证可以有效地协助检察机关的公诉活动，提高公诉胜诉率。二是树立以“证据为中心”的理念。现代刑事诉讼制度以证据为中心，证据是认定案件事实、正确适用法律的依据，勘验、检查人员出庭作证则体现出证据在刑事诉讼中的核心作用。勘验、检查人员出庭作证，能最大限度地还原案件的本来面貌，最大限度地为实现司法公正提供程序保障。

（二）严格依法定程序取证，杜绝非法取证行为

首先，勘验、检查人员在现场勘验、检查过程中必须遵循法定程序原则，严格依照法律规定权限与程序搜集证据，树立严格的诉讼意识与证据意识，对证据收集过程中的每一步都要认真、细致。其次，新《刑事诉讼法》规定了警察出庭作证制度，在刑事诉讼司法实践中勘验、检查人员出庭作证将成为常态，勘验、检查人员必须对工作的每一步有针对性地做好详细的记录与准备，做好现场勘验、取证各个环节的文字记录、拍照、录像等工作，规范勘验、检查取证行为，以严格、文明的执法态度保证侦查取证的质量。

（三）与公诉机关建立良好的配合机制，提高作证技巧

公安机关与检察机关具有刑事诉讼活动目的的一致性，即追诉犯罪，检察机关负责案件的公诉活动，勘验、检查人员出庭作证实质上是作为“公诉辅助者”的身份出现的，出庭作证需要与公诉部门进行良性沟通，在关键证据的说明问题上准备充足，保持一致性，并有针对性地提高作证技巧。一是认真、细致地查阅案件相关资料记录，熟悉、牢记作证的内容与问题，防止庭审中因遗忘而言语失措。二是把握交叉询问的策略，面对诉讼主体的询问，应当具备过硬的心理素质，言语简洁明了，表述内容清晰、明确。三是对于辩方的诘问或质疑，回答应当言简意赅，避免纠缠。总之，在立足案件事实与刑事法律规定的基础上，诚实应对出庭作证。

（四）做好勘验、检查人员出庭作证的物质保障与人身安全保护工作

勘验、检查人员出庭作证，将占用一定的工作时间以及花费一定的物质费用，这需要公安机关对出庭作证勘验、检查人员做好物质保障。另外，由于勘验、检查人员出庭作证，将直接面对被告人以及旁听席上控辩双方的家属，勘验、检查人员遭受打击报复的可能性也随之增加，需要有针对性地加强人身安全保护措施。因此，出庭作证勘验、检查人员自身应当具有一定的自我保护意识，出庭前、出庭后都应当具备一定的警惕意识。

三、出庭作证前的准备工作

勘验、检查人员在出庭作证过程中，必将面对具备丰富诉讼经验的律师，有时还有具备良好科学素养的专家证人。

（一）向所在单位报告

勘验、检查人员接到法院出庭通知后，应当及时向所在单位领导进行报告，由所在单位或部门与公安机关内部法制部门会商，研究应对办法，发挥团队精神。

（二）做好心理思想准备

勘验、检查人员接到法院出庭通知后，思想和心理上既要高度重视，又不要对出庭怀有恐慌心理。首先，勘验、检查工作是

《刑事诉讼法》给予我们公安民警的责任，我们是依法办案，我们通过勘验、检查提取的相关痕迹物证，出具的现场勘验、检查笔录，均具有法律效力。同时，现场勘验、检查工作及由此形成的笔录，体现了自己的业务能力和水平，也在一定程度上代表了所在公安机关和部门及自己的荣誉。现场勘验、检查笔录作为证据体系中的重要一环，不能因为自己工作的失误而导致有罪的人逃避法律的惩罚、无罪的人受到法律追究，因此对此要高度重视，认真对待。其次，要对自己的勘验、检查工作充满信心。一方面，自己出庭不仅是代表个人，更多是代表所在单位，能够得到所在单位的同事、法制部门的有力支持，在法庭上作为公诉方的检察官也会给予必要的帮助。另一方面，我们要知道出庭不是去辩论比口才的，只要实事求是、客观公正。自己的勘验、检查是依据专业知识、工作经验、相关器材设备进行的。

（三）做好法律及专业知识的准备

勘验、检查人员要认真学习最新《刑事诉讼法》，公安机关办理刑事案件规定，公安机关现场勘验、检查工作规范等法律、法规，关于勘验、检查人员出庭作证的相关法律规定，还要认真学习痕迹物证、生物物证等相关物证提取的行业标准，最好对这些材料进行汇总、打印以便于携带，以此作为本人勘验、检查工作的执法依据。

（四）出庭前与检察官进行良好沟通

勘验、检查人员在出庭作证前应与检察官进行良好的沟通，方便勘验、检查人员在出庭作证时就相关问题进行说明，保障勘验、检查笔录等证据的说服力，以防止两者举证内容相偏离，防止检察官在控诉时面临被动局面，从而有助于对犯罪嫌疑人的控诉工作顺利进行。

与检察官沟通的内容，包括勘验、检查的过程，相关痕迹、物证的发现、提取、采集、保存等过程是否真实合法，勘验、检查笔录（包括图、照片、录像）中在形式和内容等方面出现的瑕疵，出庭作证的相关注意事项，就法庭中出现的询问如何制订书面答辩提纲。

（五）做好本案工作资料的准备

勘验、检查人员出庭作证的核心是对本人勘验、检查工作的真实合法性的质询进行陈述。因此，勘验、检查人员应认真、清楚地回忆其在该案中的勘验、检查工作。这就需要调阅该案的勘验、检查原始工作记录，包括原始笔录、提取物品清单、原始照片、录像，以及卷宗中的现场勘验、检查记录，分析问题，加深印象。

及时召开准备会议，由参与此案勘验、检查工作的全体人员参加，可以由此案勘验、检查指挥人组织，也可由本部门技术负责人组织，邀请公安法制部门或相关专家组成，召开出庭准备会议，商量相关对策。

（六）制订书面答辩提纲

勘验、检查人员在准备会议、与检察官充分沟通后，应制订书面答辩提纲。提纲所涉及内容应尽量全面，做到有备无患。提纲有助于理清思路，防止出庭作证时因遗忘、紧张等造成思维混乱。

法庭依据最高人民法院《关于适用〈中华人民共和国刑事诉讼法〉的解释》第八十八条之规定，对勘验、检查笔录着重从三个方面进行审查：（1）在形式要件上，重点审查勘验、检查是否依法进行，笔录的制作是否符合法律、有关规定，勘验、检查人员和见证人是否签名或者盖章。（2）在具体内容上，重点审查勘验、检查笔录是否记录了提起勘验、检查的事由，勘验、检查的时间和地点，在场人员、现场方位、周围环境等，现场的物品、人身、尸体等的位置、特征等情况，以及勘验、检查、搜查的过程；文字记录与实物或者绘图、照片、录像是否相符；现场、物品、痕迹等是否伪造、有无破坏；人身特征、伤害情况、生理状态有无伪装或者变化等。（3）对于补充勘验、检查的，重点审查再次勘验、检查的缘由，前后勘验、检查的情况是否矛盾。我们也可以依此进行提纲的制订，特别要梳理出工作中的明显瑕疵。

答辩提纲所涉及的问题回答要有证据证实，要从原始照片、录像、记录中进行查找，以形成证据链，如因工作失误没有其他证据证实的，应与公诉人、法制部门、专家商量如何应答。制订好的答辩提纲仍应与公诉人等反复、充分沟通。

在制订完书面答辩提纲后，最好进行模拟答辩，出庭的勘验、检查人员尽量脱稿回答，提问人可临时变更问题，增加一些尖锐、犀利的问题，以此锻炼出庭人员的心理素质和应变能力。

另外，还要准备好自己的身份证，警官证，学历学位证书，专业学习培训证书，从事勘验、检查工作所获取的相关荣誉证书等材料。

（七）学习出庭作证策略

各单位应经常组织勘验、检查人员参加庭审，特别是组织旁听有勘验、检查人员出庭作证的活动，有利于熟悉庭审环境、气氛、程序等。同时，组成模拟法庭，会更好地提高出庭作证的实战能力。

四、出庭作证有关注意事项

1. 人民法院通知勘验、检查人员出庭作证的，勘验、检查人员应当按照通知书要求的时间、地点准时出庭作证。

2. 勘验、检查人员和（或）其所属的鉴定机构在接到人民法院的出庭通知后，应当及时报告所属单位。所属单位应当根据人民法院的出庭通知要求，积极安排出庭事宜，并为勘验、检查人员出庭作证提供必要条件。

3. 勘验、检查人员因下列原因无法按时出庭的，勘验、检查人员或者其所属鉴定机构应当及时向人民法院说明情况，并提供相关证明：

（1）出庭通知书未能在开庭三日以前送达的。

（2）勘验、检查人员年迈体弱，患有严重疾病或行动极不方便，在较长时间内无法恢复的。

（3）勘验、检查人员死亡、失踪，或下落不明的。

（4）因自然灾害等不可抗力或者其他意外事件无法出庭的。

（5）勘验、检查人员无法出庭的其他原因。

4. 勘验、检查人员认为因出庭作证，本人或者其近亲属的人身安全面临危险的，可以向人民法院请求予以保护。

在危害国家安全犯罪、恐怖活动犯罪、黑社会性质的组织犯罪、毒品犯罪等案件中，勘验、检查人员因出庭作证，本人或者其近亲属的人身安全面临危险，人民法院未按照《刑事诉讼法》第六十二条第一款之规定采取有效的保护措施的，勘验、检查人员可以请求人民法院采取保护措施。

5. 收到人民法院出庭通知后，勘验、检查人员应当仔细调阅有关档案材料，主动和人民检察院、人民法院相关部门沟通联系，了解、分析控辩双方可能质证的内容，并从以下几方面积极做好庭前准备，必要时列出出庭提纲：

（1）是否存在应当回避的情形。

（2）勘验、检查人员主体是否符合法律规定。

（3）勘验、检查手段、方法是否科学，过程是否规范。

（4）若涉及检验意见，分析所依据的事实是否客观全面，特征的解释是否合理，适用的方法是否准确，分析说明是否符合逻辑，意见的推论是否符合科学规范。

（5）其他应当注意的内容。

多人参加的勘验、检查工作，应当共同准备。

6. 庭审前，勘验、检查人员应当准备好以下书面材料，所属单位应当积极支持：

（1）勘验、检查人员的鉴定人资格证书及其所属鉴定机构的鉴定机构资格证书。

（2）勘验、检查人员从事本专业的经历、能力。

（3）作出勘验、检查所依据的资料。

（4）勘验、检查使用的科学技术或者专门知识及其仪器设备、技术标准。

（5）鉴定委托书、受理鉴定登记表等勘验、检查的程序性文件。

（6）其他鉴定有关材料。

7. 庭审中，勘验、检查人员对公诉人、当事人和辩护人、诉讼代理人、专家辅助人的发问，应当如实回答。对公诉人、当事人和辩护人、诉讼代理人、专家辅助人的发问有以下情形之一，勘验、检查人员可以拒绝回答，或者申请法庭制止：

（1）发问内容与勘验、检查工作无关。

（2）发问内容重复。

（3）发问内容威胁勘验、检查人员。

（4）发问内容损害勘验、检查人员人格尊严。

（5）发问内容涉及国家秘密、商业秘密、个人隐私及其他依法不能公开的内容。

8. 庭审中，勘验、检查人员可以从以下几个方面说明勘验、检查工作的客观性和科学性：

（1）相关基础科学的正确性。

（2）由该基础科学衍生出的相关技术的可靠性。

（3）基于该技术的勘验、检查方法或科学仪器的可靠性。

（4）使用该方法或科学仪器过程的规范性以及所援引的国家标准或行业标准。

（5）勘验、检查意见的推理过程是否符合逻辑规则和经验法则。

（6）整个勘验、检查过程是否处于持续有效的质量控制体系之中。

9. 勘验、检查人员可以从以下几个方面说明勘验、检查过程的合法性：

（1）接受委托或聘请所依据的法律条款。

（2）主体的适格性。

（3）勘验、检查要求评审的审慎性。

（4）勘验、检查人员对于所涉勘验、检查项目的合法资格。

（5）勘验、检查人员所属鉴定机构对于所涉鉴定项目的鉴定资格。

10. 勘验、检查人员应在庭审后认真阅读法庭笔录中的有关记录，认为记录有遗漏或者差错的，可以请求补充或者改正；确认无误后，应当签名。

11. 勘验、检查人员出庭作证后应当将出庭的情况报告所属鉴定机构或单位。

勘验、检查人员所属鉴定机构或单位应当建立勘验、检查人员出庭档案，记录勘验、检查人员出庭的案由、时间、地点以及勘验、检查意见是否被采信等事项。

12. 要有良好的出庭面貌。

勘验、检查人员出庭作证，要注重司法礼仪。要知道勘验、检查人员出庭代表的不仅是个人，更是体现所在公安机关、从事该岗位的刑事技术人员的职业形象。因此，勘验、检查人员出庭时要有精气神，要有端庄的仪表和着装，应给法庭留下职业化和具备良好专业素养的印象。目前我国对于作为勘验、检查人员的警察的出庭是否需着警装，没有统一规定，但无论着警装还是便装，均应整洁。如着警装，应严格按公安机关要求着装；如着便装，建议穿西服，不可挽衣袖、卷裤管。穿皮鞋，不穿拖鞋。坐、站、行走均要自然，不要过于紧张，行为、言语应始终有礼貌。

13. 要善于控制好情绪，保持沉着冷静。

事实上，即使勘验、检查人员在前期做了大量的准备工作，由于法庭审理的不可控性、不可预见性，绝大多数出庭人员多少也还有紧张情绪，重要的是如何克服紧张心理。只要认识到出庭只是陈述自己的勘验、检查过程，不是去编造什么自己不知道的答案，给予自己足够的心理暗示，就一定能完成作证任务。

由于勘验、检查人员绝大多数是警察、执法者，心理上不太能接受自己被询问，因此，要从“执法者首先要做守法者的模范”的角度进行认识，树立良好心态，不能有傲慢、烦躁、抵触情绪。

在交叉询问时，律师的询问或者讲话，有时可能是圈套，有时可能是挑刺，有时甚至是故意扰乱、激怒勘验、检查人员的。如果我们的情绪被干扰，就可能不能进行理性的思考和应答。

14. 询问的应答要自信、自如。

勘验、检查人员出庭接受询问及给予正确的应答是整个出庭作证过程中最重要的一环，应认真应对。

对于法官、公诉人检察官一般的询问，多在事前进行了沟通，主要是解释说明性质的，勘验、检查人员通过解释说明来表明勘验、检查工作的合法性，从而体现勘验、检查笔录的证明力。而对于辩护人律师的发问，一般开庭前不会进行沟通，有些是挑刺的，希望通过对勘验、检查人员的发问、质证，来证明勘验、检查工作的不合法性，从而否定勘验、检查笔录的证据作用，或降低其证据效力。

具体在接受询问时，要集中注意力仔细听，对于没有听清楚的问题，可有礼貌地向提问者请其复述，听的同时可用笔纸记录关键词。在正式回答前要做短暂的思考，如需要更多时间思考的，可采用请其解释说明具体意思等方法来赢得思考时间。陈述时，不要低头，应抬头面对询问人，声音要洪亮，语言尽量使用普通话，通俗易懂，要少用专业术语。

第二节　新闻媒体的应对

一、概念

新闻媒体亦称大众媒体，是 20 世纪 20 年代以后出现的一个概念。一般来说，新闻媒体包括纸质媒体（报刊）和电子媒体（广播、电视）两种。随着互联网的兴起，作为“新电子媒体”的网络逐渐成为一种新的媒体类型。

新闻媒体主要包括以下几种：报刊、电视、广播、户外、售点、网络等。

二、现场勘验、检查人员应对新闻媒体用语注意事项

1. 慎说的话：指责他人的话，反驳他人的话，指责新闻

界的话，强调困难的话，没有信心、失望的话，与他人和其他地区相比的话，评估他人和其他地区的话。

2. 禁说的话：不负责任、不关心人民群众的话，伤害感情、冷漠生硬的话，假话，需要保密的内容，自己不了解的情况。

3. 可说的话：可以谢绝采访、推迟采访，同时小心防止产生不负责任的印象；可以说明需要保密，同时小心防止谣言传播；可以保持沉默，同时小心防止造成对抗态势。

三、现场勘验、检查人员应对新闻媒体采访参考用语

1. 未经有关部门批准，均不得就涉及公安机关的事（案）件接受采访，婉言拒绝用语。

（1）对不起，我们正在执行公务，我们的工作有了初步结果后，会有专人向媒体发布信息。谢谢你们的关注，各位辛苦了！

（2）对不起，正在执行公务，不能接受您的采访。

（3）对不起，我没有参与事（案）件的调查处置工作，对情况不了解，不能接受您的采访。

（4）我们非常愿意配合您的采访活动。但实在对不起，按照规定，您应持有公安局的采访函，我们才可接待您的采访，感谢您对我们工作的关注和支持！

（5）很抱歉，按照规定，须经上级同意，我们才可接受您的采访！

（6）很抱歉，在电话中您的记者身份无法核实，我们暂

不能接受您的采访！

（7）很抱歉，按照规定我们不能在这接受您的采访。关于这起事（案）件的情况，请与市公安局宣传处（或者新闻中心）联系。

2. 对非职务事宜不宜发表意见。对此类提问要多加小心："我们只是想要知道您的看法……""警官，现在是什么情况?"

（1）对不起，我们正在调查，有关情况正在核实中。

（2）对于你们关心的问题，我们密切关注，一有结果，便会立即通报大家。

（3）（如果遇到以下情况，要特别警惕，不要急于表态，而是与之周旋：电话联系、路遇提问；没有充分准备，匆忙之中不知对方真实意图；对事件不够了解，不知道更多背景等。）对于发生的问题，我们正在调查等。

3. 配合采访时的参考用语。

（1）（起始语）您好，我是×××（姓名），请出示您的采访证件。

（2）对采访人的身份进行详细登记后，针对不同情况进行分类处置：

（对不具有合法记者身份的采访者）对不起，您没有新闻采访证件，按照有关规定不能进行采访。请您携带正规采访证件进行采访。

（对随身携带证件不全的采访者）对不起，您出示的证件中缺少×××证（或者已过期），按照有关规定不能进行采访。请您带齐（到×××部门补齐）相关证件后再来采访。

（对具有合法身份但未经邀请或批准的采访者）对不起，根据×××（如天安门地区管理委员会）管理规定，采访须进行预约登记。请您到位于×××（地点）的×××处预约登记后再来采访。

4. 对现场已经划定警戒区和（或）采访区域的，值勤民警在警戒线附近疏导在场人员时的用语。

（1）为了您的安全，请立即退到警戒线外。

（2）请大家注意安全，服从民警指挥。

（3）警方正在恢复公共秩序，无关人员请离开现场。

（4）请记者到×××采访区域采访拍照，×××局新闻发言人现在已经到达采访区域，会向大家发布信息（将会回答大家关注的问题）。

（5）对不起，您已越过了警戒线，请配合我们的工作，回到警戒线外。我们已在×××（地点）设置了“记者接待处”，会有专人给大家介绍情况，请您到接待处了解这起事（案）件的相关情况。

5. 当有媒体记者欲强行进入警戒区时，可以参考以下用语：对不起，警方正在勘验、检查现场，您的进入会妨碍警察的正常工作，也会给您带来不必要的麻烦，请您退回警戒线外，谢谢您的配合（稍后我们会专门组织一个新闻发布会，请您注意相关公告）。

6. 对已强闯入警戒线的，值勤民警应有礼貌地劝阻，劝阻无效的，明确对其宣布：您的行为妨碍了现场执法人员依法执行职务，请您配合公安机关执法。如不离开警戒区，我们将按照有关规定依法处置。

7. 当遇到记者强行进入现场摄像、拍照或获取有关事件信息时的用语。

（1）您的行为已经严重影响到我们的执法工作，涉嫌妨碍公务，请您立刻退出警戒区，否则，我们将依法对您进行处理。

（2）请不要妨碍公安机关执法，您的行为已涉嫌妨碍公务，现对您予以口头传唤，请您随我们回派出所接受调查，如不配合，我们将实施强制传唤。

8. 将违规采访记者带回公安机关处置，应避免粗暴行为。

（1）请您到公安机关配合调查，如给您带来不便，请谅解。

（2）请将采访的文字、声像和图片交给警方，我们会依法作出处理。

四、现场勘验、检查人员应对新闻媒体具体措施

（一）划定适当警戒区域

划定警戒区域，是现场保护人员的主要工作之一，也是避免警方与媒体和民众发生冲突的重要措施。《公安机关刑事案件现场勘验检查规则》第十九条规定："负责保护现场的人民警察应当根据案件具体情况，划定保护范围，设置警戒线和告示牌，禁止无关人员进入现场。"因此，作为在第一时间抵达现场的警察，应当用警戒线或告示牌，明确划定警戒区域，防止包括媒体在内的无关人员进入现场。针对现场持续

的时间较长，到达现场的媒体记者较多，还应当在警戒区域以外，划分出专门场地给媒体。此外，对于户外现场的尸体，应当准备帐篷、屏风、凉席等物品用来遮挡，避免被媒体从四周和上方拍摄到照片。

（二）查验记者证件并登记

根据 2009 年 10 月 15 日起施行的《新闻记者证管理办法》，在中华人民共和国境内从事新闻采编活动的，须持有新闻出版总署核发的新闻记者证。新闻记者证是新闻记者职务身份的有效证明，是境内新闻记者从事新闻采编活动的唯一合法证件，由新闻出版总署依法统一印制并核发。因此，负责现场保护的警察如果遇到媒体采访，首先应当查验其新闻记者证。现场警察应要求媒体记者出示新闻记者证，对于没有新闻记者证的，可以拒绝其采访。对于持有记者证的记者，还应当检查其照片与本人是否相符，核对有效期和新闻机构等信息，如果对于所检查的记者证的真实性有怀疑，可以通过打电话到新闻机构或登录中国记者网等途径对新闻记者证进行验证。如果核对无误，负责现场保护的警察还应当对媒体记者进行登记，留下其姓名、单位和联系电话，以便有其他新情况时可及时联络。

（三）现场勘验、检查人员要规范自己的行为

随时注意自己作为一名警察的言谈举止，要做到少说多做规范做，绝不在现场讨论案件情况，以免被一些好事的网民将之拍摄后传于网上，对广大网民进行错误的引导，给公

安机关造成不必要的损失。

（四）对案件知情人员进行告知

尽管目前我国的《刑事诉讼法》没有明确规定证人和被害人的保密义务，但从保护被害人的权利和安全以及保证侦查工作顺利进行的角度出发，仍然应当对有关人员作出一些必要的告知。

1. 见证人。见证人是公安机关邀请的见证现场勘验、检查的人员，其见证了整个现场勘验、检查的经过和提取证据的情况。因而，见证人所了解的现场情况十分详细，一旦对媒体“爆料”，将对侦查工作造成不可忽视的负面影响。因而，在邀请见证人时，必须向其明确保密的义务，不得向包括亲人、媒体记者之内的其他任何人泄露有关现场勘验、检查工作的一切信息。

2. 被害人。被害人是警察现场访问的主要对象，也是媒体采访的重点。在现场访问结束之时，进行访问的警察应当对被害人进行安慰并承诺保密，同时告知被害人对于案件的详细信息应当适当保密，如果遇到媒体采访，应避免泄露案件的细节特征以及个人和亲人的姓名、住址、联系方式等信息，以免给个人安全和案件侦查带来不利影响。

3. 知情人。对于被害人的亲属、重要的目击证人，在警察访问时也应当从保护被害人的生命财产利益角度出发，要求其保守案件的有关秘密，尤其不得泄露与侦查密切相关的信息。

第十章　现场勘验、检查装备

现场勘验、检查装备是指公安机关对管辖的案（事）件现场进行勘验、检查所使用的各种装备，包括车辆，勘验、检查装备，警戒装备，防护装备，照明装备，记录装备，测量标示装备，搜索装备，通信工具，物证采集装备，快速检验装备及特殊勘验、检查装备等。

第一节　最先到达现场人员装备

最先到达现场的警员一般为 110 警情处警民警，担负保护现场、处置紧急情况、抢救伤员、了解现场案情的职责。常用装备有以下几种。

一、警戒、防护装备

设置警戒带，禁止无关人员进入。佩戴三套一罩进入现场，避免破坏现场、产生新的痕迹。

二、通信工具

手台、手机可以作为处警民警与110指挥中心、指挥员之间及外界联络，沟通现场情况、紧急处置现场的工具。

三、记录装备

利用相机（快录设备）、执法记录仪、记录本、比例尺、移动存储介质等，记录案件现场情况。

四、照明光源

使用电筒式光源照明，观察案发现场外围环境及中心现场情况。

五、物证提取装备

在天气、现场条件将发生变化时，对现场重要的痕迹物证要使用比例尺及时拍照提取，装入物证袋，并详细登记记录。

第二节 现场实地勘验人员使用装备

现场实地勘验人员承担对案件现场实地勘验，记录现场勘验情况，发现提取痕迹物证，分析犯罪嫌疑人作案方法、作案过程、作案手段等任务。现场实地勘验工作复杂，涉及装备也种类多样。

一、按照现场勘验装备的用途分类

（一）勘验、检查车辆

包括指挥车辆，人员车辆，设备车辆，专用勘验、检查车，运尸车辆，排爆车辆，运犬车辆等。

（二）勘验、检查装备

包括普通勘验、检查箱（痕检、法医、影像、DNA、理化、视频、文检、电子物证、声纹检验等专业），专业勘验、检查箱（石膏足迹提取箱，爆炸现场勘验、检查箱，火灾现场勘验、检查箱，枪弹痕迹勘验、检查箱，工具痕迹勘验、检查箱，现场手印勘验、检查箱，排爆箱等）。

（三）警戒装备

警戒带、警戒柱等。

（四）防护装备

1. 环境防护：手机信号屏蔽器、金属探测器。

2. 个人防护：头套、口罩、手套、鞋套、头盔、防刺靴、防刺手套、防酸碱手套、防毒面具、防护服等。

3. 物证防护：通道踏板、篷布支架等。

（五）照明装备

包括各种照明光源、电线轮盘、插线板、电线、光源支架、灯头、灯泡、发电机等。

（六）记录装备

包括记录笔，记录本，录音笔，笔记本电脑，移动存储介质，各种相机及配套设备，现场勘验、检查快速录入设备，执法记录仪等。

（七）测量标示装备

测量尺、测距仪、物证标牌、比例尺等。

（八）搜索装备

生物物证激光搜索仪、多波段光源、紫外光源、足迹搜索灯、疑难足迹发现仪、物证发现仪、足迹静电发现仪等。

（九）通信工具

手机、手台、上网卡、流量卡等。

（十）采集装备

现场足迹采集仪、基站信息采集仪、GPS信息采集仪、微小物证提取仪、工具痕迹提取钻等。

（十一）包装装备

物证包装箱、包装盒、包装袋、包装塑料布及胶带、捆绑线等。

（十二）快速检验装备

现场“502”胶熏显仪，毒品、毒物、毒气、辐射快速检测器等。

（十三）特殊勘验、检查装备

专用勘验、检查车等。

二、按照专业和部门分工的不同分类

（一）痕检专业

普通勘验、检查箱，专业勘验、检查箱（爆炸现场勘验、检查箱，火灾现场勘验、检查箱，枪弹痕迹勘验、检查箱，工具痕迹勘验、检查箱，现场手印勘验、检查箱等），防护装备（头套、口罩、手套、鞋套、头盔、防刺靴、防刺手套、防酸碱手套、防毒面具、防护服、通道踏板等），照明装备（各种照明光源、电线轮盘、插线板、发电机等），记录装备（记录笔，记录本，录音笔，笔记本电脑，移动存储介质，现场勘验、检查快速录入设备等），测量标示装备（测量尺、测距仪、物证标牌、比例尺等），搜索装备（足迹静电发现仪、生物物证激光搜索仪、多波段光源、紫外光源、足迹搜索灯、疑难足迹发现仪、物证发现仪等），通信工具（手机、手台、上网卡、流量卡等），采集装备（现场足迹采集仪、基站信息采集仪、GPS信息采集仪、微小物证提取仪、工具痕迹提取钻等），包装装备（物证包装箱、包装盒、包装袋、包装塑料布及胶带、捆绑线等），快速检验装备（现场“502”胶熏显仪等）。

（二）法医专业

运尸车，抬尸单架（尸体推车），尸体盛装袋，法医现场勘验、检查箱（剪刀、镊子、手术刀、纱布、缝合针、缝合线、抽血针、测量尺、试管、注射器、物证袋、标牌、比例尺等），现场物证提取箱，X光机，个人防护装备（手套、脚套、头套、口罩、防毒面具、防溅目镜、防护服等），照明灯，勘验、检查手电，数码相机，数码摄像机（含三脚架），现场尸体信息快速录入设备，录音笔，移动存储硬盘，电子测温仪，激光测距仪，有毒气体检测仪。

（三）影像专业

数码照相机、数码摄像机、照相附属器材（三脚架、闪光灯、快门线、近摄装置）、照明设备、比例尺、滤光镜、偏振光多功能摄影仪、同轴光定向反射镜、紫红外数码照相机、现场全景重建系统、数码录音笔、便携式非线性视频编辑器、便携式扫描仪、笔记本电脑等。

（四）DNA 专业

普通生物物证提取箱、疑难生物物证提取箱、脱落细胞粘取器、激光物证搜索仪、现场快速人血红蛋白金标检测试剂条、现场快速人精液 PSA 金标检测试剂条、现场 DNA 快速检测仪等。

（五）理化专业

除了物证勘验、检查箱（线手套、一次性手套、透明胶纸、标尺、剪刀、镊子、手术刀片、小手电、放大镜、载玻片、物证袋等），通用勘验、检查灯，标签纸，皮尺，塑料包装袋，人员防护装备外，理化人员根据案件的不同，现场装备分为三类：

1. 中毒现场。

双波长紫外灯、酸碱指示剂、磨口玻璃试管或广口瓶等，有条件的可带便携气相色谱质谱仪。

2. 爆炸现场。

炸药探测仪、便携红外光谱仪、宽大胶带、军用锹镐及超大包装袋等。

3. 纵火现场。

密封塑料包装袋、便携气相色谱仪等。

（六）视频专业

视频现场勘验、检查箱，快速下载设备，视频检索设备，初级视频图像处理设备，视频资料存储设备，移动视频监控设备（高性能笔记本电脑、无线上网卡、便携式数码照相机、移动硬盘、高速 U 盘、手持 GPS 定位仪、测距仪）等。

（七）文检专业

文检勘验、检查箱，现场勘验、检查附件箱，数码照相（摄像）机，便携式现场勘验、检查专用电脑，便携式扫描仪，金属字迹显现专用箱，便携式显微镜等。

（八）电子物证专业

电子物证现场取证勘验、检查箱（包括电子只读设备和只读锁、各种接口、数据线及采集软件），现场手机取证检验包（支持国内外主流型号手机及国产“山寨手机”机身及 SIM 卡等数据提取分析、短消息及手机应用 App 数据恢复查询，配备手机信息线索链分析系统），便携式硬盘复制机“克隆机”，电子物证数据存储 U 盘，移动硬盘，大容量取证硬盘，屏蔽设备，分析软件等。

（九）声纹检验专业

声纹检验勘验、检查箱，声纹提取装备（移动硬盘、音频采集器），单反相机，笔记本电脑等。

（十）保障部门

现场勘验、检查车辆，指挥车辆，人员车辆，专用勘验、检查车辆，发电机，手台，手机信号屏蔽器，金属探测器，警戒柱，警戒带等。

第三节　现场痕迹物证提取装备

现场勘验、检查的一项重要工作是发现、提取痕迹物证。现场痕迹物证包括手印、足迹、工具痕迹、枪弹痕迹、锁具痕迹、生物物证、微量物证、作案工具、犯罪嫌疑人遗留物等，这些痕迹物证都要按照规范和要求，进行记录、提取、包装和保存。

一、手印痕迹提取装备

相机多种光源拍照提取、指纹胶纸提取、实物包装提取装备。

二、足迹痕迹提取装备

相机多种光源拍照提取、胶纸粘贴提取、立体足迹制模提取、实物包装提取装备。

三、工具痕迹提取装备

制模提取、实物包装提取装备。

四、枪弹痕迹提取装备

实物包装提取装备。

五、锁具痕迹提取装备

实物包装提取装备。

六、生物物证提取装备

棉签粘取、粘取器提取、实物包装提取装备。

七、微量物证提取装备

粘取、实物包装提取装备。

八、作案工具提取装备

实物包装提取装备。

九、犯罪嫌疑人遗留物提取装备

实物包装提取装备。

第四节　几种常见类别案件重点使用装备

除现场勘验、检查箱，照明光源，数码相机，三套一罩，现场勘验、检查快速录入设备，测距仪，基站信息采集仪，

GPS信息采集仪，包装箱等常用装备外，对于几种常见类别的案件现场，在勘验时，应注意重点使用以下装备。

一、入室盗窃案

通道踏板、现场足迹采集仪、足迹静电发现仪、生物物证提取装备、微量物证提取装备、工具痕迹提取钻。

二、故意杀人案

通道踏板，现场足迹采集仪，生物物证提取装备，微量物证提取装备，微小物证提取仪，防护服，各种电线轮盘，插线板，发电机，录音笔，笔记本电脑，物证标牌，多波段光源，紫外光源、物证包装箱、包装盒、包装袋、包装塑料布及胶带、捆绑线，现场“502”胶熏显仪。

三、放火案

通道踏板、现场足迹采集仪、密封塑料包装袋、便携气相色谱仪。

四、强奸案

生物物证提取装备、微量物证提取装备。

五、爆炸案

炸药探测仪、便携红外光谱仪、宽大胶带、军用锹镐及超大包装袋、生物物证提取装备、头盔、防刺靴、防刺手套、防酸碱手套、防毒面具、防护服及物证包装箱、包装盒、包装袋。

六、投毒案

双波长紫外灯、酸碱指示剂、磨口玻璃试管或广口瓶等。

附录

一、《公安机关刑事案件现场勘验检查规则》

第一章 总则

第一条 为规范公安机关刑事案件现场勘验、检查工作，保证现场勘验、检查质量，根据《中华人民共和国刑事诉讼法》和《公安机关办理刑事案件程序规定》的有关规定，制定本规则。

第二条 刑事案件现场勘验、检查，是侦查人员运用科学技术手段，对与犯罪有关的场所、物品、人身、尸体等进行勘验、检查的侦查活动。

第三条 刑事案件现场勘验、检查的任务，是发现、固定、提取与犯罪有关的痕迹、物证及其他信息，存储现场信息资料，判断案件性质，分析犯罪过程，确定侦查方向和范围，为侦查破案、刑事诉讼提供线索和证据。

第四条 公安机关对具备勘验、检查条件的刑事案件现场，应当及时进行勘验、检查。

第五条 刑事案件现场勘验、检查的内容，包括现场保护、现场实地勘验检查、现场访问、现场搜索与追踪、侦查实验、现场分析、现场处理、现场复验与复查等。

第六条 刑事案件现场勘验、检查由公安机关组织现场勘验、检查人员实施。必要时，可以指派或者聘请具有专门知识的人，在侦查人员的组织下进行勘验、检查。

公安机关现场勘验、检查人员是指公安机关及其派出机构经过现场勘验、检查专业培训考试，取得现场勘验、检查资格的侦查人员。

第七条 公安机关进行现场勘验、检查应当注意保护公民生命健康安全，尽量避免或者减少财产损失。

第八条 刑事案件现场勘验、检查工作应当遵循依法、安全、及时、客观、全面、细致的原则。

现场勘验、检查人员应当严格遵守保密规定，不得擅自发布刑事案件现场有关情况，泄露国家秘密、商业秘密、个人隐私。

第二章 现场勘验、检查职责的划分

第九条 县级公安机关及其派出机构负责辖区内刑事案件的现场勘验、检查。对于案情重大、现场复杂的案件，可以向上一级公安机关请求支援。上级公安机关认为有必要时，可以直接组织现场勘验、检查。

第十条 涉及两个县级以上地方公安机关的刑事案件现场勘验、检查，由受案地公安机关进行，案件尚未受理的，由现场所在地公安机关进行。

第十一条 新疆生产建设兵团和铁路、交通、民航、森林公安机关及海关缉私部门负责其管辖的刑事案件的现场勘验、检查。

第十二条 公安机关和军队、武装警察部队互涉刑事案件的现场勘验、检查，依照公安机关和军队互涉刑事案件管辖分工的有关规定确定现场勘验、检查职责。

第十三条 人民法院、人民检察院和国家安全机关、军队保卫部门、监狱等部门管辖的案件，需要公安机关协助进行现场勘验、检查，并出具委托书的，有关公安机关应当予以协助。

第三章 现场保护

第十四条 发案地公安机关接到刑事案件报警后，对于有犯罪现场的，应当迅速派员赶赴现场，做好现场保护工作。

第十五条 负责保护现场的人民警察应当根据案件具体情况，划定保护范围，设置警戒线和告示牌，禁止无关人员进入现场。

第十六条 负责保护现场的人民警察除抢救伤员、紧急排险等情况外，不得进入现场，不得触动现场上的痕迹、物品和尸体；处理紧急情况时，应当尽可能避免破坏现场上的痕迹、物品和尸体，对现场保护情况应当予以记录，对现场原始情况应当拍照或者录像。

第十七条 负责保护现场的人民警察对现场可能受到自然、人为因素破坏的，应当对现场上的痕迹、物品和尸体等采取相应的保护措施。

第十八条 保护现场的时间，从发现刑事案件现场开始，至现场勘验、检查结束。需要继续勘验、检查或者需要保留现场的，应当对整个现场或者部分现场继续予以保护。

第十九条 负责现场保护的人民警察应当将现场保护情况及时报告现场勘验、检查指挥员。

第四章 现场勘验、检查的组织指挥

第二十条 公安机关对刑事案件现场勘验、检查应当统一指挥，周密组织，明确分工，落实责任，及时完成各项任务。

第二十一条 现场勘验、检查的指挥员由具有现场勘验、检查专业知识和组织指挥能力的人民警察担任。

第二十二条 现场勘验、检查的指挥员依法履行下列职责：

（一）决定和组织实施现场勘验、检查的紧急措施；

（二）制定和实施现场勘验、检查的工作方案；

（三）对参加现场勘验、检查人员进行分工；

（四）指挥、协调现场勘验、检查工作；

（五）确定现场勘验、检查见证人；

（六）审核现场勘验、检查工作记录；

（七）组织现场分析；

（八）决定对现场的处理。

第二十三条　现场勘验、检查人员依法履行下列职责：

（一）实施现场紧急处置；

（二）开展现场调查访问；

（三）发现、固定和提取现场痕迹、物证等；

（四）记录现场保护情况、现场原始情况和现场勘验、检查情况，制作《现场勘验、检查工作记录》；

（五）参与现场分析；

（六）提出处理现场的意见；

（七）将现场勘验信息录入“全国公安机关现场勘验信息系统”；

（八）利用现场信息串并案件。

第五章　现场实地勘验、检查

第二十四条　公安机关对刑事案件现场进行勘验、检查不得少于二人。

勘验、检查现场时，应当邀请一至二名与案件无关的公民做见证人。由于客观原因无法由符合条件的人员担任见证人的，应当在笔录材料中注明情况，并对相关活动进行录像。

勘验、检查现场，应当拍摄现场照片，绘制现场图，制作笔录，由参加勘验、检查的人和见证人签名。对重大案件的现场，应当录像。

第二十五条　现场勘验、检查人员到达现场后，应当了解案件发生、发现和现场保护情况。需要采取搜索、追踪、堵截、鉴别、安全检查和控制销赃等紧急措施的，应当立即报告现场指挥员，并依照有关法律法规果断处置。

具备使用警犬追踪或者鉴别条件的，在不破坏现场痕迹、物证的前提下，应当立即使用警犬搜索和追踪，提取有关物品、嗅源。

第二十六条　勘验、检查暴力犯罪案件现场，可以视案情部署武装警戒，防止造成新的危害后果。

第二十七条　公安机关应当为现场勘验、检查人员配备必要的安全防护设施和器具。现场勘验、检查人员应当增强安全意识，注意自身防护。对涉爆、涉枪、放火、制毒、涉危险物质、危险场所等可能危害勘验、检查人身安全的现场，应当先由专业人员排除险情，再进行现场勘验、检查。

第二十八条　执行现场勘验、检查任务的人员，应当持有《刑事案件现场勘验、检查证》。《刑事案件现场勘验、检查证》由公安部统一样式，省级公安机关统一制发。

第二十九条　执行现场勘验、检查任务的人员，应当使用相应的个人防护装置，防止个人指纹、足迹、DNA 等信息遗留现场造成污染。

第三十条　勘验、检查现场时，非勘验、检查人员不得进入现场。确需进入现场的，应当经指挥员同意，并按指定路线进出现场。

第三十一条 现场勘验、检查按照以下工作步骤进行：

（一）巡视现场，划定勘验、检查范围；

（二）按照“先静后动，先下后上，先重点后一般，先固定后提取”的原则，根据现场实际情况确定勘验、检查流程；

（三）初步勘验、检查现场，固定和记录现场原始状况；

（四）详细勘验、检查现场，发现、固定、记录和提取痕迹、物证；

（五）记录现场勘验、检查情况。

第三十二条 勘验、检查人员应当及时采集并记录现场周边的视频信息、基站信息、地理信息及电子信息等相关信息。勘验、检查与电子数据有关的犯罪现场时，应当按照有关规范处置相关设备，保护电子数据和其他痕迹、物证。

第三十三条 勘验、检查繁华场所、敏感地区发生的煽动性或者影响较恶劣的案件时，应当采用适当方法对现场加以遮挡，在取证结束后及时清理现场，防止造成不良影响。

第三十四条 为了确定被害人、犯罪嫌疑人的某些特征、伤害情况或者生理状态，可以对人身进行检查，可以提取指纹信息，采集血液、口腔拭子、尿液等生物样本。犯罪嫌疑人拒绝检查、提取、采集的，侦查人员认为必要的时候，经办案部门负责人批准，可以强制检查、提取、采集。

检查妇女的身体，应当由女工作人员或者医师进行。

检查的情况应当制作笔录，由参加检查的侦查人员、检查人员、被检查人员和见证人签名。被检查人员拒绝签名的，侦查人员应当在笔录中注明。

第三十五条　勘验、检查有尸体的现场，应当有法医参加。

第三十六条　为了确定死因，经县级以上公安机关负责人批准，可以解剖尸体。

第三十七条　解剖尸体应当通知死者家属到场，并让死者家属在《解剖尸体通知书》上签名。死者家属无正当理由拒不到场或者拒绝签名的，可以解剖尸体，但是应当在《解剖尸体通知书》上注明。对于身份不明的尸体，无法通知死者家属的，应当在笔录中注明。

解剖外国人尸体应当通知死者家属或者其所属国家驻华使、领馆有关官员到场，并请死者家属或者其所属国家驻华使、领馆有关官员在《解剖尸体通知书》上签名。死者家属或者其所属国家驻华使、领馆有关官员无正当理由拒不到场或者拒绝签名的，可以解剖尸体，但应当在《解剖尸体通知书》上注明。对于身份不明外国人的尸体，无法通知死者家属或者有关使、领馆的，应当在笔录中注明。

第三十八条　移动现场尸体前，应当对尸体的原始状况及周围的痕迹、物品进行照相、录像，并提取有关痕迹、物证。

第三十九条　解剖尸体应当在尸体解剖室进行。确因情况紧急，或者受条件限制，需要在现场附近解剖的，应当采取隔离、遮挡措施。

第四十条 检验、解剖尸体时，应当捺印尸体指纹和掌纹。必要时，提取血液、尿液、胃内容和有关组织、器官等。尸体指纹和掌纹因客观条件无法捺印时需在相关记录中注明。

第四十一条 检验、解剖尸体时，应当照相、录像。对尸体损伤痕迹和有关附着物等应当进行细目照相、录像。

对无名尸体的面貌，生理、病理特征，以及衣着、携带物品和包裹尸体物品等，应当进行详细检查和记录，拍摄辨认照片。

第六章 现场勘验、检查工作记录

第四十二条 现场勘验、检查结束后，应当及时将现场信息录入“全国公安机关现场勘验信息系统”并制作《现场勘验、检查工作记录》。其中，对命案现场信息应当在勘验、检查结束后七个工作日内录入，对其他现场信息应当在勘验、检查结束后五个工作日内录入。

《现场勘验、检查工作记录》包括现场勘验笔录、现场图、现场照片、现场录像和现场录音。

第四十三条 现场勘验、检查工作记录应当客观、全面、详细、准确、规范，能够作为核查现场或者恢复现场原状的依据。

第四十四条 现场勘验笔录正文需要载明现场勘验过程及结果，包括与犯罪有关的痕迹和物品的名称、位置、数量、性状、分布等情况，尸体的位置、衣着、姿势、血迹分布、性状和数量以及提取痕迹、物证情况等。

第四十五条 对现场进行多次勘验、检查的，在制作首次现场勘验、检查工作记录后，逐次制作补充勘验、检查工作记录。

第四十六条　现场勘验、检查人员应当制作现场方位图、现场平面示意图，并根据现场情况选择制作现场平面比例图、现场平面展开图、现场立体图和现场剖面图等。

第四十七条　绘制现场图应当符合以下基本要求：

（一）标明案件名称，案件发现时间、案发地点；

（二）完整反映现场的位置、范围；

（三）准确反映与犯罪活动有关的主要物体，标明尸体、主要痕迹、主要物证、作案工具等具体位置；

（四）文字说明简明、准确；

（五）布局合理，重点突出，画面整洁，标识规范；

（六）现场图注明方向、图例、绘图单位、绘图日期和绘图人。

第四十八条　现场照相和录像包括方位、概貌、重点部位和细目四种。

第四十九条　现场照相和录像应当符合以下基本要求：

（一）影像清晰、主题突出、层次分明、色彩真实；

（二）清晰、准确记录现场方位、周围环境及原始状态，记录痕迹、物证所在部位、形状、大小及其相互之间的关系；

（三）细目照相、录像应当放置比例尺；

（四）现场照片需有文字说明。

第五十条　现场绘图、现场照相、录像、现场勘验笔录应当相互吻合。

第五十一条　现场绘图、现场照相、录像、现场勘验笔录等现场勘验、检查的原始资料应当妥善保存。现场勘验、检查原始记录可以用纸质形式或者电子形式记录，现场勘验、检查人员，见证人应当在现场签字确认，以电子形式记录的可以使用电子签名。

第七章 现场痕迹物品文件的提取与扣押

第五十二条 现场勘验、检查中发现与犯罪有关的痕迹、物品，应当固定、提取。

提取现场痕迹、物品，应当分别提取，分开包装，统一编号，注明提取的地点、部位、日期，提取的数量、名称、方法和提取人。对特殊检材，应当采取相应的方法提取和包装，防止损坏或者污染。

第五十三条 提取秘密级以上的文件，应当由县级以上公安机关负责人批准，按照有关规定办理，防止泄密。

第五十四条 在现场勘验、检查中，应当对能够证明犯罪嫌疑人有罪或者无罪的各种物品和文件予以扣押；对有可能成为痕迹物证载体的物品、文件，应当予以提取、扣押，进一步检验，但不得扣押或者提取与案件无关的物品、文件。对与犯罪有关的物品、文件和有可能成为痕迹物证载体的物品、文件的持有人无正当理由拒绝交出物品、文件的，现场勘验、检查人员可以强行扣押或者提取。

第五十五条 现场勘验、检查中需要扣押或者提取物品、文件的，由现场勘验、检查指挥员决定。执行扣押或者提取物品、文件时，侦查人员不得少于二人，并持有关法律文书和相关证件，同时应当有见证人在场。

第五十六条　现场勘验、检查中，发现爆炸物品、毒品、枪支、弹药和淫秽物品以及其他危险品或者违禁物品，应当立即扣押，固定相关证据后，交有关部门处理。

第五十七条　扣押物品、文件时，当场开具《扣押清单》，写明扣押的日期和物品、文件的名称、编号、数量、特征及其来源等，由侦查人员、见证人和物品、文件持有人分别签名或者盖章。对于持有人拒绝签名或者无法查清持有人的，应当在《扣押清单》上注明。

《扣押清单》一式三份，一份交物品、文件持有人，一份交公安机关保管人员，一份附卷备查。

提取现场痕迹、物品应当填写《提取痕迹、物证登记表》，写明物品、文件的编号、名称、数量、特征和来源等，由侦查人员、见证人和物品、文件持有人分别签名或者盖章。对于物品持有人拒绝签名或者无法查清持有人的，应当在《提取痕迹、物证登记表》上注明。

第五十八条　对应当扣押但不便提取的物品、文件，经登记、拍照或者录像、估价后，可以交被扣押物品、文件持有人保管或者封存，并明确告知物品持有人应当妥善保管，不得转移、变卖、毁损。

交被扣押物品、文件持有人保管或者封存的，应当开具《登记保存清单》，在清单上写明封存地点和保管责任人，注明已经拍照或者录像，由侦查人员、见证人和持有人签名或者盖章。

《登记保存清单》一式两份，一份交给物品、文件持有人，一份连同照片或者录像资料附卷备查。

对应当扣押但容易腐烂变质以及其他不易保管的物品，权利人明确的，经其本人书面同意或者申请，经县级以上公安机关负责人批准，在拍照或者录像固定后委托有关部门变卖、拍卖，所得款项存入本单位唯一合规账户，待诉讼终结后一并处理。

第五十九条 对不需要继续保留或者经调查证实与案件无关的检材和被扣押物品、文件，应当及时退还原主，填写《发还清单》一式三份，由承办人、领取人签名或者盖章，一份交物品、文件的原主，一份交物品保管人，一份附卷备查。

第六十条 对公安机关扣押物品、文件有疑问的，物品、文件持有人可以向扣押单位咨询；认为扣押不当的，可以向扣押物品、文件的公安机关申诉或者控告。

第六十一条 上级公安机关发现下级公安机关扣押物品、文件不当的，应当责令下级公安机关纠正，下级公安机关应当立即执行。必要时，上级公安机关可以就申诉、控告事项直接作出处理决定。

第六十二条 对于现场提取的痕迹、物品和扣押的物品、文件，应当按照有关规定建档管理，存放于专门场所，由专人负责，严格执行存取登记制度，严禁侦查人员自行保管。

第八章 现场访问

第六十三条 现场勘验、检查人员应当向报案人、案件发现人，被害人及其亲属，其他知情人或者目击者了解、收集有关刑事案件现场的情况和线索。

第六十四条 现场访问包括以下主要内容：

（一）刑事案件发现和发生的时间、地点、详细经过，发现后采取的保护措施，现场情况，有无可疑人或者其他人在现场，现场有无反常情况，以及物品损失等情况；

（二）现场可疑人或者作案人数、作案人性别、年龄、口音、身高、体态、相貌、衣着打扮、携带物品及特征，来去方向、路线等；

（三）与刑事案件现场、被害人有关的其他情况。

第六十五条　现场访问应当制作询问笔录。

第九章　现场外围的搜索和追踪

第六十六条　现场勘验、检查中，应当根据痕迹、视频、嗅源、物证、目击者描述及其他相关信息对现场周围和作案人的来去路线进行搜索和追踪。

第六十七条　现场搜索、追踪的任务包括：

（一）搜寻隐藏在现场周围或者尚未逃离的作案人；

（二）寻找与犯罪有关的痕迹、物品等；

（三）搜寻被害人尸体、人体生物检材、衣物等；

（四）寻找隐藏、遗弃的赃款赃物等；

（五）发现并排除可能危害安全的隐患；

（六）确定作案人逃跑的方向和路线，追踪作案人；

（七）发现现场周边相关视频信息。

第六十八条　在现场搜索、追踪中，发现与犯罪有关的痕迹、物证，应当予以固定、提取。

第十章 侦查实验

第六十九条 为了证实现场某一具体情节的形成过程、条件和原因等，可以进行侦查实验。

进行侦查实验应当经县级以上公安机关负责人批准。

第七十条 侦查实验的任务包括：

（一）验证在现场条件下能否听到某种声音或者看到某种情形；

（二）验证在一定时间内能否完成某一行为；

（三）验证在现场条件下某种行为或者作用与遗留痕迹、物品的状态是否吻合；

（四）确定某种条件下某种工具能否形成某种痕迹；

（五）研究痕迹、物品在现场条件下的变化规律；

（六）分析判断某一情节的发生过程和原因；

（七）其他需要通过侦查实验作出进一步研究、分析、判断的情况。

第七十一条 侦查实验应当符合以下要求：

（一）侦查实验一般在发案地点进行，燃烧、爆炸等危险性实验，应当在其他能够确保安全的地点进行；

（二）侦查实验的时间、环境条件应当与发案时间、环境条件基本相同；

（三）侦查实验使用的工具、材料应当与发案现场一致或者基本一致；必要时，可以使用不同类型的工具或者材料进行对照实验；

（四）如条件许可，类同的侦查实验应当进行二次以上；

（五）评估实验结果应当考虑到客观环境、条件变化对实验的影响和可能出现的误差；

（六）侦查实验，禁止一切足以造成危险、侮辱人格或者有伤风化的行为。

第七十二条　对侦查实验的过程和结果，应当制作《侦查实验笔录》，参加侦查实验的人员应当在《侦查实验笔录》上签名。进行侦查实验，应当录音、录像。

第十一章　现场分析

第七十三条　现场勘验、检查结束后，勘验、检查人员应当进行现场分析。

第七十四条　现场分析的内容包括：

（一）侵害目标和损失；

（二）作案地点、场所；

（三）开始作案的时间和作案所需要的时间；

（四）作案人出入现场的位置、侵入方式和行走路线；

（五）作案人数；

（六）作案方式、手段和特点；

（七）作案工具；

（八）作案人在现场的活动过程；

（九）作案人的个人特征和作案条件；

（十）有无伪装或者其他反常现象；

（十一）作案动机和目的；

（十二）案件性质；

（十三）是否系列犯罪；

（十四）侦查方向和范围；

（十五）其他需要分析解决的问题。

第七十五条　勘验、检查人员在现场勘验、检查后，应当运用“全国公安机关现场勘验信息系统”和各种信息数据库开展刑事案件串并工作，并将串并案情况录入“全国公安机关现场勘验信息系统”。

第十二章　现场的处理

第七十六条　现场勘验、检查结束后，现场勘验、检查指挥员决定是否保留现场。

对不需要保留的现场，应当及时通知有关单位和人员进行处理。

对需要保留的现场，应当及时通知有关单位和个人，指定专人妥善保护。

第七十七条　对需要保留的现场，可以整体保留或者局部保留。

第七十八条　现场勘验、检查结束后，现场勘验、检查指挥员决定是否保留尸体。

（一）遇有死因未定、身份不明或者其他情况需要复验的，应当保存尸体；

（二）对没有必要继续保存的尸体，经县级以上公安机关负责人批准，应当立即通知死者家属处理。对无法通知或者通知后家属拒绝领回的，经县级以上公安机关负责人批准，可以按照有关规定及时处理；

（三）对没有必要继续保存的外国人尸体，经县级以上公安机关负责人批准，应当立即通知死者家属或者所属国驻华使、领馆的官员处理。对无法通知或者通知后外国人家属或者其所属国驻华使、领馆的官员拒绝领回的，经县级以上公安机关负责人批准，并书面通知外事部门后，可以按照有关规定及时处理。

第十三章　现场的复验、复查

第七十九条　遇有下列情形之一，应当对现场进行复验、复查：

（一）案情重大、现场情况复杂的；

（二）侦查工作需要从现场进一步收集信息、获取证据的；

（三）人民检察院审查案件时认为需要复验、复查的；

（四）当事人提出不同意见，公安机关认为有必要复验、复查的；

（五）其他需要复验、复查的。

第八十条　对人民检察院要求复验、复查的，公安机关复验、复查时，可以通知人民检察院派员参加。

第十四章　附则

第八十一条　公安机关对其他案件、事件、事故现场的勘验、检查，可以参照本规则执行。

第八十二条　本规则自发布之日起施行。《公安机关刑事案件现场勘验检查规则》（2005 年 10 月 1 日颁布并实施）同时废止。

二、新、旧版本《公安机关刑事案件现场勘验检查规则》对照

《公安机关刑事案件现场勘验检查规则》（修订前后对照表）

修订前	修订后
第一章 总则	第一章 总则
第一条 为规范公安机关对刑事案件的现场勘验、检查工作，保证现场勘验、检查质量，根据《中华人民共和国刑事诉讼法》和《公安机关办理刑事案件程序规定》的有关规定，制定本规则。	第一条 为规范公安机关刑事案件的现场勘验、检查工作，保证现场勘验、检查质量，根据《中华人民共和国刑事诉讼法》和《公安机关办理刑事案件程序规定》的有关规定，制定本规则。
第二条 刑事案件现场勘验、检查，是侦查人员利用科学技术手段，对与犯罪有关的场所、物品、人身、尸体等进行勘验、检查的一种侦查活动。	第二条 刑事案件现场勘验、检查，是侦查人员运用科学技术手段，对与犯罪有关的场所、物品、人身、尸体等进行勘验、检查的侦查活动。
第三条 刑事案件现场勘验、检查的任务是，发现、固定、提取与犯罪有关的痕迹、物证及其他信息，存储现场信息资料，判断案件性质，分析犯罪过程，确定侦查方向和范围，为侦查破案、刑事诉讼提供线索和证据。	第三条 刑事案件现场勘验、检查的任务，是发现、固定、提取与犯罪有关的痕迹、物证及其他信息，存储现场信息资料，判断案件性质，分析犯罪过程，确定侦查方向和范围，为侦查破案、刑事诉讼提供线索和证据。
第四条 公安机关对具备勘验、检查条件的刑事案件现场，应当及时进行勘验、检查。	第四条 公安机关对具备勘验、检查条件的刑事案件现场，应当及时进行勘验、检查。

续前表

修订前	修订后
第五条 刑事案件现场勘验、检查的内容包括：现场保护、现场实地勘验检查、现场访问、现场搜索与追踪、现场实验、现场分析、现场处理、现场复验与复查等。	第五条 刑事案件现场勘验、检查的内容，包括现场保护、现场实地勘验检查、现场访问、现场搜索与追踪、侦查实验、现场分析、现场处理、现场复验与复查等。
第六条 刑事案件现场勘验、检查由县级以上公安机关侦查部门组织实施。必要时，可以指派或者聘请具有专门知识的人参加现场勘验、检查。	第六条 刑事案件现场勘验、检查由公安机关组织现场勘验、检查人员实施。必要时，可以指派或者聘请具有专门知识的人，在侦查人员的组织下进行勘验、检查。 公安机关现场勘验、检查人员是指公安机关及其派出机构经过现场勘验、检查专业培训考试，取得现场勘验、检查资格的侦查人员。
第七条 公安机关现场勘验、检查人员，应当具备现场勘验、检查的专业知识和专业技能，具有现场勘验、检查资格。	第七条 公安机关进行现场勘验、检查应当注意保护公民生命健康安全，尽量避免或者减少财产损失。
第八条 现场勘验、检查工作应当严格遵守国家法律、法规的有关规定，不受任何单位、个人的干扰和阻挠。	第八条 刑事案件现场勘验、检查工作应当遵循依法、安全、及时、客观、全面、细致的原则。 现场勘验、检查人员应当严格遵守保密规定，不得擅自发布刑事案件现场有关情况，泄露国家秘密、商业秘密、个人隐私。
第九条 现场勘验、检查工作应当以事实为依据，防止主观臆断。	
第十条 公安机关现场勘验、检查人员要注意保护公民生命安全，尽量避免或者减少公私财产损失。	

续前表

修订前	修订后
第十一条 公安机关应当为现场勘验、检查人员配备必要的安全防护设施和器具。 现场勘验、检查人员应当增强安全意识，注意自身防护。	
第二章 现场勘验、检查职责的划分	第二章 现场勘验、检查职责的划分
第十二条 县级公安机关负责辖区内全部刑事案件的现场勘验、检查。对于案情重大、现场复杂的案件，上级公安机关认为有必要时，可以直接组织领导现场勘验、检查。	第九条 县级公安机关及其派出机构负责辖区内刑事案件的现场勘验、检查。对于案情重大、现场复杂的案件，可以向上一级公安机关请求支援。上级公安机关认为有必要时，可以直接组织现场勘验、检查。
第十三条 上级公安机关对下级公安机关刑事案件现场勘验、检查提供技术支援。	
第十四条 涉及两个县级以上地方公安机关的刑事案件现场勘验、检查，现场勘验、检查职责由有关地方公安机关协商，必要时，由上级公安机关指定。	第十条 涉及两个县级以上地方公安机关的刑事案件现场勘验、检查，由受案地公安机关进行，案件尚未受理的，由现场所在地公安机关进行。
第十五条 新疆生产建设兵团和铁路、交通、民航、森林公安机关及海关缉私部门负责其管辖的刑事案件的现场勘验、检查。	第十一条 新疆生产建设兵团和铁路、交通、民航、森林公安机关及海关缉私部门负责其管辖的刑事案件的现场勘验、检查。

续前表

修订前	修订后
第十六条 公安机关和军队、武装警察部队互涉刑事案件的现场勘验、检查，依照公安机关和军队互涉刑事案件管辖分工的有关规定确定现场勘验、检查职责。	第十二条 公安机关和军队、武装警察部队互涉刑事案件的现场勘验、检查，依照公安机关和军队互涉刑事案件管辖分工的有关规定确定现场勘验、检查职责。
第十七条 人民法院、人民检察院和国家安全机关、军队保卫部门、监狱等部门的自办案件，需要公安机关协助进行现场勘验、检查，并出具委托书的，有关公安机关应予协助。	第十三条 人民法院、人民检察院和国家安全机关、军队保卫部门、监狱等部门管辖的案件，需要公安机关协助进行现场勘验、检查，并出具委托书的，有关公安机关应当予以协助。
第三章 现场保护	第三章 现场保护
第十八条 案发地公安机关接到刑事案件报警后应当迅速派员赶赴现场，做好现场保护工作。	第十四条 发案地公安机关接到刑事案件报警后，对于有犯罪现场的，应当迅速派员赶赴现场，做好现场保护工作。
第十九条 负责保护现场的人民警察应当根据案件具体情况，划定保护范围，设置警戒线和告示牌，禁止无关人员进入现场。	第十五条 负责保护现场的人民警察应当根据案件具体情况，划定保护范围，设置警戒线和告示牌，禁止无关人员进入现场。
第二十条 负责保护现场的人民警察除抢救伤员、保护物证等紧急情况外，不得进入现场，不得触动现场上的痕迹、物品和尸体。处理紧急情况时，应当尽可能避免破坏现场上的痕迹、物品和尸体。	第十六条 负责保护现场的人民警察除抢救伤员、紧急排险等情况外，不得进入现场，不得触动现场上的痕迹、物品和尸体；处理紧急情况时，应当尽可能避免破坏现场上的痕迹、物品和尸体，对现场保护情况应当予以记录，对现场原始情况应当拍照或者录像。

续前表

修订前	修订后
第二十一条 负责保护现场的人民警察对可能受到自然、人为因素破坏的现场，应当对现场上的痕迹、物品和尸体等采取相应的保护措施。	第十七条 负责保护现场的人民警察对现场可能受到自然、人为因素破坏的，应当对现场上的痕迹、物品和尸体等采取相应的保护措施。
第二十二条 保护现场的时间，从发现刑事案件现场开始，至现场勘验、检查结束。不能完成现场勘验、检查的，应当对整个现场或者部分现场继续予以保护。	第十八条 保护现场的时间，从发现刑事案件现场开始，至现场勘验、检查结束。需要继续勘验、检查或者需要保留现场的，应当对整个现场或者部分现场继续予以保护。
第二十三条 负责现场保护的人民警察应当将现场保护情况及时报告现场勘验、检查指挥员。	第十九条 负责现场保护的人民警察应当将现场保护情况及时报告现场勘验、检查指挥员。
第四章 现场勘验、检查的组织与指挥	第四章 现场勘验、检查的组织指挥
第二十四条 公安机关对刑事案件现场勘验、检查应当统一指挥，周密组织，明确分工，落实责任，及时完成各项任务。	第二十条 公安机关对刑事案件现场勘验、检查应当统一指挥，周密组织，明确分工，落实责任，及时完成各项任务。
第二十五条 现场勘验、检查的指挥员由具有现场勘验、检查专业知识和组织指挥能力的人民警察担任。	第二十一条 现场勘验、检查的指挥员由具有现场勘验、检查专业知识和组织指挥能力的人民警察担任。

续前表

修订前	修订后
第二十六条 现场勘验、检查的指挥员依法履行下列职责： （一）决定和组织实施现场勘验、检查的紧急措施； （二）制定和实施现场勘验、检查的工作方案； （三）对参加现场勘验、检查人员进行分工； （四）指挥、协调现场勘验、检查工作； （五）确定现场勘验、检查见证人； （六）审核现场勘验、检查工作记录； （七）组织现场分析； （八）决定对现场的处理。	第二十二条 现场勘验、检查的指挥员依法履行下列职责： （一）决定和组织实施现场勘验、检查的紧急措施； （二）制定和实施现场勘验、检查的工作方案； （三）对参加现场勘验、检查人员进行分工； （四）指挥、协调现场勘验、检查工作； （五）确定现场勘验、检查见证人； （六）审核现场勘验、检查工作记录； （七）组织现场分析； （八）决定对现场的处理。
第二十七条 现场勘验、检查人员依法履行下列职责： （一）实施现场紧急处置； （二）进行现场调查访问； （三）发现、固定和提取现场痕迹、物证等； （四）记录现场保护情况、现场原始情况和现场勘验、检查的过程与所见，制作现场勘验、检查工作记录； （五）参与现场分析； （六）提出处理现场的意见。	第二十三条 现场勘验、检查人员依法履行下列职责： （一）实施现场紧急处置； （二）开展现场调查访问； （三）发现、固定和提取现场痕迹、物证等； （四）记录现场保护情况、现场原始情况和现场勘验、检查情况，制作《现场勘验、检查工作记录》； （五）参与现场分析； （六）提出处理现场的意见； （七）将现场勘验信息录入“全国公安机关现场勘验信息系统”； （八）利用现场信息串并案件。
第五章 现场实地勘验、检查	第五章 现场实地勘验、检查

续前表

修订前	修订后
第二十八条 公安机关对刑事案件现场进行勘验、检查不得少于二人。 勘验、检查现场时，应当邀请一至二名与案件无关的公民做见证人。	第二十四条 公安机关对刑事案件现场进行勘验、检查不得少于二人。 勘验、检查现场时，应当邀请一至二名与案件无关的公民做见证人。由于客观原因无法由符合条件的人员担任见证人的，应当在笔录材料中注明情况，并对相关活动进行录像。 勘验、检查现场，应当拍摄现场照片，绘制现场图，制作笔录，由参加勘验、检查的人和见证人签名。对重大案件的现场，应当录像。
第二十九条 现场勘验、检查人员到达现场后，应当了解案件发生、发现和现场保护情况。需要采取搜索、追踪、堵截、鉴别、安全检查和控制销赃等紧急措施的，应当立即报告现场指挥员，并果断处置。 具备使用警犬追踪或者鉴别条件的，在不破坏现场痕迹、物证的前提下，立即使用警犬搜索和追踪，提取有关物品、嗅源。	第二十五条 现场勘验、检查人员到达现场后，应当了解案件发生、发现和现场保护情况。需要采取搜索、追踪、堵截、鉴别、安全检查和控制销赃等紧急措施的，应当立即报告现场指挥员，并依照有关法律法规果断处置。 具备使用警犬追踪或者鉴别条件的，在不破坏现场痕迹、物证的前提下，应当立即使用警犬搜索和追踪，提取有关物品、嗅源。
第三十条 勘验、检查暴力犯罪案件现场，可以视案情部署武装警戒，防止造成新的危害后果。	第二十六条 勘验、检查暴力犯罪案件现场，可以视案情部署武装警戒，防止造成新的危害后果。
第三十一条 对涉爆、涉枪、放火、中毒、放射性物质、传染性疾病、危险场所等可能危害勘验、检查人身安全的，应当先排除险情，在保证勘验、检查人员人	第二十七条 公安机关应当为现场勘验、检查人员配备必要的安全防护设施和器具。现场勘验、检查人员应当增强安全意识，注意自身防护。对涉爆、

续前表

修订前	修订后
身安全的前提下，再进行现场勘验、检查。	涉枪、放火、制毒、涉危险物质、危险场所等可能危害勘验、检查人身安全的现场，应当先由专业人员排除险情，再进行现场勘验、检查。
第三十二条 执行现场勘验、检查任务的人员，应当佩带《刑事案件现场勘验、检查证》。《刑事案件现场勘验、检查证》由公安部统一制发。	第二十八条 执行现场勘验、检查任务的人员，应当持有《刑事案件现场勘验、检查证》。《刑事案件现场勘验、检查证》由公安部统一样式，省级公安机关统一制发。
第三十三条 执行现场勘验、检查任务的人员，应当使用相应的个人防护装置，佩戴帽子或者头套、手套、鞋套等。	第二十九条 执行现场勘验、检查任务的人员，应当使用相应的个人防护装置，防止个人指纹、足迹、DNA 等信息遗留现场造成污染。
第三十四条 勘验、检查现场时，非勘验、检查人员不得进入现场。确需进入现场的，须经指挥员同意，并按指定路线进出现场。	第三十条 勘验、检查现场时，非勘验、检查人员不得进入现场。确需进入现场的，应当经指挥员同意，并按指定路线进出现场。
第三十五条 现场勘验、检查按照以下工作步骤进行： （一）巡视现场，划定勘验、检查范围； （二）按照“先静后动，先下后上；先重点后一般，先固定后提取”的原则，根据现场实际情况确定勘验、检查流程； （三）初步勘验、检查现场，固定和记录现场原始状况； （四）详细勘验、检查现场，发现、固定、记录和提取痕迹、物证； （五）记录现场勘验、检查情况。	第三十一条 现场勘验、检查按照以下工作步骤进行： （一）巡视现场，划定勘验、检查范围； （二）按照“先静后动，先下后上，先重点后一般，先固定后提取”的原则，根据现场实际情况确定勘验、检查流程； （三）初步勘验、检查现场，固定和记录现场原始状况； （四）详细勘验、检查现场，发现、固定、记录和提取痕迹、物证； （五）记录现场勘验、检查情况。

续前表

修订前	修订后
第三十六条 勘验、检查与电子数据有关的犯罪现场，应当按照有关规范处置相关设备，保护电子数据和其他痕迹、物证。必要时，可以指派或聘请专业技术人员复制有关电子数据。	第三十二条 勘验、检查人员应当及时采集并记录现场周边的视频信息、基站信息、地理信息及电子信息等相关信息。勘验、检查与电子数据有关的犯罪现场时，应当按照有关规范处置相关设备，保护电子数据和其他痕迹、物证。
第三十七条 勘验、检查煽动性案件现场时，对涉及反动内容的标语、传单、大小字报等，应当采用适当方法加以遮挡，在取证结束后及时清理现场，防止扩散，造成不良影响。	第三十三条 勘验、检查繁华场所、敏感地区发生的煽动性或者影响较恶劣的案件时，应当采用适当方法对现场加以遮挡，在取证结束后及时清理现场，防止造成不良影响。
第三十八条 为了确定被害人、犯罪嫌疑人的个体特征、伤害情况或者生理状态等，可以进行人身检查。 犯罪嫌疑人如果拒绝检查，侦查人员认为有必要的，经办案部门负责人批准，可以进行强制检查。 检查妇女的身体，应当由女侦查人员或者医师进行，必要时，可以指派或者邀请法医参加。 检查的情况应当制作笔录，由参加检查的侦查人员、检查人员和见证人签名或者盖章。	第三十四条 为了确定被害人、犯罪嫌疑人的某些特征、伤害情况或者生理状态，可以对人身进行检查，可以提取指纹信息，采集血液、口腔拭子、尿液等生物样本。犯罪嫌疑人拒绝检查、提取、采集的，侦查人员认为必要的时候，经办案部门负责人批准，可以强制检查、提取、采集。 检查妇女的身体，应当由女工作人员或者医师进行。 检查的情况应当制作笔录，由参加检查的侦查人员、检查人员、被检查人员和见证人签名。被检查人员拒绝签名的，侦查人员应当在笔录中注明。

续前表

修订前	修订后
第三十九条 勘验、检查有尸体的现场，应当有法医参加。	第三十五条 勘验、检查有尸体的现场，应当有法医参加。
第四十条 为了确定死因，经县级以上公安机关负责人批准，可以解剖尸体。	第三十六条 为了确定死因，经县级以上公安机关负责人批准，可以解剖尸体。
第四十一条 解剖尸体应当通知死者家属到场，并让死者家属在《解剖尸体通知书》上签名或者盖章。死者家属无正当理由拒不到场或者拒绝签名、盖章的，也可以解剖尸体，但是应当在《解剖尸体通知书》上注明。对于身份不明的尸体，无法通知死者家属的，应当在笔录中注明。 解剖外国人尸体应当通知死者家属或者其所属国家驻华使、领馆有关官员到场，并请死者家属或者其所属国家驻华使、领馆有关官员在《解剖尸体通知书》上签名或者盖章。死者家属或者其所属国家驻华使、领馆有关官员无正当理由拒不到场或者拒绝签名、盖章的，也可以解剖尸体，但应当在《解剖尸体通知书》上注明。对于身份不明外国人的尸体，无法通知死者家属或者有关使、领馆的，应当在笔录中注明。	第三十七条 解剖尸体应当通知死者家属到场，并让死者家属在《解剖尸体通知书》上签名。死者家属无正当理由拒不到场或者拒绝签名的，可以解剖尸体，但是应当在《解剖尸体通知书》上注明。对于身份不明的尸体，无法通知死者家属的，应当在笔录中注明。 解剖外国人尸体应当通知死者家属或者其所属国家驻华使、领馆有关官员到场，并请死者家属或者其所属国家驻华使、领馆有关官员在《解剖尸体通知书》上签名。死者家属或者其所属国家驻华使、领馆有关官员无正当理由拒不到场或者拒绝签名的，可以解剖尸体，但应当在《解剖尸体通知书》上注明。对于身份不明外国人的尸体，无法通知死者家属或者有关使、领馆的，应当在笔录中注明。
第四十二条 移动现场尸体前，应当对尸体的原始状况及周围的痕迹、物品进行照相、录像，并提取有关痕迹、物证。	第三十八条 移动现场尸体前，应当对尸体的原始状况及周围的痕迹、物品进行照相、录像，并提取有关痕迹、物证。

续前表

修订前	修订后
第四十三条 解剖尸体应当在尸体解剖室进行。确因情况紧急，或者受条件限制，需要在现场附近解剖的，应当采取隔离、遮挡措施。	第三十九条 解剖尸体应当在尸体解剖室进行。确因情况紧急，或者受条件限制，需要在现场附近解剖的，应当采取隔离、遮挡措施。
第四十四条 检验、解剖尸体时，应当捺印尸体指纹和掌纹。必要时，提取血、尿、胃内容和有关组织、器官等。	第四十条 检验、解剖尸体时，应当捺印尸体指纹和掌纹。必要时，提取血液、尿液、胃内容和有关组织、器官等。尸体指纹和掌纹因客观条件无法捺印时需在相关记录中注明。
第四十五条 检验、解剖尸体时，应当照相、录像。对尸体损伤痕迹和有关附着物等应当进行细目照相、录像。 对无名尸体的面貌，生理、病理特征，以及衣着、携带物品和包裹尸体物品等，应当进行详细检查和记录，拍摄辨认照片。	第四十一条 检验、解剖尸体时，应当照相、录像。对尸体损伤痕迹和有关附着物等应当进行细目照相、录像。 对无名尸体的面貌，生理、病理特征，以及衣着、携带物品和包裹尸体物品等，应当进行详细检查和记录，拍摄辨认照片。
第六章 现场勘验、检查工作记录	第六章 现场勘验、检查工作记录
第四十六条 现场勘验、检查结束后，应当及时制作现场勘验、检查工作记录。 现场勘验、检查工作记录包括现场勘验检查笔录、现场图、现场照片、现场录像和现场录音。	第四十二条 现场勘验、检查结束后，应当及时将现场信息录入“全国公安机关现场勘验信息系统”并制作《现场勘验、检查工作记录》。其中，对命案现场信息应当在勘验、检查结束后七个工作日内录入，对其他现场信息应当在勘验、检查结束后五个工作日内录入。 《现场勘验、检查工作记录》包括现场勘验笔录、现场图、现场照片、现场录像和现场录音。

续前表

修订前	修订后
第四十七条 现场勘验、检查工作记录应当客观、全面、详细、准确、规范，能够作为核查现场或者恢复现场原状的依据，符合法定的证据要求。	第四十三条 现场勘验、检查工作记录应当客观、全面、详细、准确、规范，能够作为核查现场或者恢复现场原状的依据。
第四十八条 现场勘验、检查笔录包括以下基本内容： （一）前言部分：笔录文号，接报案件时间和内容，现场地点，现场保护情况，勘验、检查的起止时间，天气情况，勘验、检查利用的光线，组织指挥人员，现场方位和周围环境等； （二）正文部分：与犯罪有关的痕迹和物品的名称、部位、数量、性状、分布等情况，尸体的位置、衣着、姿势、损伤、血迹分布、形状和数量等； （三）结尾部分：提取痕迹、物证情况，扣押物品情况，制图和照相的数量，录像、录音的时间。笔录人、制图人、照相人、录像人、录音人，执行现场勘验、检查任务人员的单位、职务及签名，见证人签名。	第四十四条 现场勘验笔录正文需要载明现场勘验过程及结果，包括与犯罪有关的痕迹和物品的名称、位置、数量、性状、分布等情况，尸体的位置、衣着、姿势、血迹分布、性状和数量以及提取痕迹、物证情况等。
第四十九条 对现场进行多次勘验、检查的，在制作首次现场勘验、检查笔录后，逐次制作补充勘验、检查笔录。	第四十五条 对现场进行多次勘验、检查的，在制作首次现场勘验、检查工作记录后，逐次制作补充勘验、检查工作记录。
第五十条 现场勘验、检查人员应当根据现场情况选择制作现场平面示意图、现场平面比例图、现场平面展开图、现场立体图和现场剖面图等。	第四十六条 现场勘验、检查人员应当制作现场方位图、现场平面示意图，并根据现场情况选择制作现场平面比例图、现场平面展开图、现场立体图和现场剖面图等。

续前表

修订前	修订后
第五十一条 绘制现场图应当符合以下基本要求： （一）标明案件名称，案件发生、发现时间，案发地点； （二）完整反映现场的位置、范围； （三）准确反映与犯罪活动有关的主要物体，标明痕迹、物证、成趟足迹、尸体、作案工具等具体位置等； （四）文字说明简明、准确； （五）布局合理，重点突出，画面整洁，标识规范； （六）注明测量方法、比例、方向、图例、绘图单位、绘图日期和绘图人。	第四十七条 绘制现场图应当符合以下基本要求： （一）标明案件名称，案件发现时间、案发地点； （二）完整反映现场的位置、范围； （三）准确反映与犯罪活动有关的主要物体，标明尸体、主要痕迹、主要物证、作案工具等具体位置； （四）文字说明简明、准确； （五）布局合理，重点突出，画面整洁，标识规范； （六）现场图注明方向、图例、绘图单位、绘图日期和绘图人。
第五十二条 现场照相和录像包括方位、概貌、重点部位和细目四种。	第四十八条 现场照相和录像包括方位、概貌、重点部位和细目四种。
第五十三条 现场照相和录像应当符合以下基本要求： （一）影像清晰、主题突出、层次分明、色彩真实； （二）清晰、准确记录现场方位、周围环境及原始状态，记录痕迹、物证所在部位、形状、大小及其相互之间的关系； （三）细目照相、录像应当放置比例尺； （四）现场照片贴纸上加注文字说明； （五）符合有关行业标准。	第四十九条 现场照相和录像应当符合以下基本要求： （一）影像清晰、主题突出、层次分明、色彩真实； （二）清晰、准确记录现场方位、周围环境及原始状态，记录痕迹、物证所在部位、形状、大小及其相互之间的关系； （三）细目照相、录像应当放置比例尺； （四）现场照片需有文字说明。

续前表

修订前	修订后
第五十四条 现场绘图、现场照相、录像、现场勘验检查笔录应当相互吻合。	第五十条 现场绘图、现场照相、录像、现场勘验笔录应当相互吻合。
第五十五条 现场绘图、现场照相、录像、现场勘验检查笔录等现场勘验、检查的原始资料应当妥善保存。	第五十一条 现场绘图、现场照相、录像、现场勘验笔录等现场勘验、检查的原始资料应当妥善保存。现场勘验、检查原始记录可以用纸质形式或者电子形式记录，现场勘验、检查人员，见证人应当在现场签字确认，以电子形式记录的可以使用电子签名。
第七章 现场痕迹物品文件的提取与扣押	第七章 现场痕迹物品文件的提取与扣押
第五十六条 现场勘验、检查中发现与犯罪有关的痕迹、物品，应当固定、提取。 提取现场痕迹、物品，应当分别提取，分开包装，统一编号，注明提取的地点、部位、日期，提取的数量、名称、方法和提取人。对特殊检材，应当采取相应的方法提取和包装，防止损坏或者污染。	第五十二条 现场勘验、检查中发现与犯罪有关的痕迹、物品，应当固定、提取。 提取现场痕迹、物品，应当分别提取，分开包装，统一编号，注明提取的地点、部位、日期，提取的数量、名称、方法和提取人。对特殊检材，应当采取相应的方法提取和包装，防止损坏或者污染。
第五十七条 提取秘密级以上的文件，应当由县级以上公安机关负责人批准，按照有关规定办理，严防泄密。	第五十三条 提取秘密级以上的文件，应当由县级以上公安机关负责人批准，按照有关规定办理，防止泄密。

续前表

修订前	修订后
第五十八条 在现场勘验、检查中，应当对能够证明犯罪嫌疑人有罪或者无罪的各种物品和文件予以扣押；但不得扣押与案件无关的物品、文件。 对与犯罪有关的物品、文件的持有人无正当理由拒绝交出物品、文件的，现场勘验、检查人员可以强行扣押。	第五十四条 在现场勘验、检查中，应当对能够证明犯罪嫌疑人有罪或者无罪的各种物品和文件予以扣押；对有可能成为痕迹物证载体的物品、文件，应当予以提取、扣押，进一步检验，但不得扣押或者提取与案件无关的物品、文件。对与犯罪有关的物品、文件和有可能成为痕迹物证载体的物品、文件的持有人无正当理由拒绝交出物品、文件的，现场勘验、检查人员可以强行扣押或者提取。
第五十九条 现场勘验、检查中需要扣押物品、文件的，由现场勘验、检查指挥员决定。执行扣押物品、文件时，侦查人员不得少于二人，并持有关法律文书或者侦查人员工作证件。应当有见证人在场。	第五十五条 现场勘验、检查中需要扣押或者提取物品、文件的，由现场勘验、检查指挥员决定。执行扣押或者提取物品、文件时，侦查人员不得少于二人，并持有关法律文书和相关证件，同时应当有见证人在场。
第六十条 现场勘验、检查中，发现爆炸物品、毒品、枪支、弹药和淫秽物品以及其他非法违禁物品，应当立即扣押，固定相关证据后，交有关部门处理。	第五十六条 现场勘验、检查中，发现爆炸物品、毒品、枪支、弹药和淫秽物品以及其他危险品或者违禁物品，应当立即扣押，固定相关证据后，交有关部门处理。
第六十一条 扣押物品、文件时，当场开具《扣押物品、文件清单》，写明扣押的日期、地点以及物品、文件的编号、名称、数量、特征和来源等，由扣押经办人、见证人和物品、文件持有人分别签名或者盖章。 被扣押物品、文件无持有人或者难以	第五十七条 扣押物品、文件时，当场开具《扣押清单》，写明扣押的日期和物品、文件的名称、编号、数量、特征及其来源等，由侦查人员、见证人和物品、文件持有人分别签名或者盖章。对于持有人拒绝签名或者无法查清持有人的，应当在《扣押清

续前表

修订前	修订后
查清持有人的，应当在《扣押物品、文件清单》上注明。 《扣押物品、文件清单》一式三份，一份交物品、文件持有人，一份交公安机关扣押物品、文件保管人员，一份附卷备查。	单》上注明。 《扣押清单》一式三份，一份交物品、文件持有人，一份交公安机关保管人员，一份附卷备查。 提取现场痕迹、物品应当填写《提取痕迹、物证登记表》，写明物品、文件的编号、名称、数量、特征和来源等，由侦查人员、见证人和物品、文件持有人分别签名或者盖章。对于物品持有人拒绝签名或者无法查清持有人的，应当在《提取痕迹、物证登记表》上注明。
第六十二条 对应当扣押但不便提取的物品、文件，经拍照或者录像后，可以交被扣押物品、文件持有人保管或者封存，并明确告知物品持有人应当妥善保管，不得转移、变卖、毁损。 交被扣押物品、文件持有人保管或者封存的，应当开具《扣押物品、文件清单》，在清单上写明封存地点和保管责任人，注明已经拍照或者录像，由扣押经办人、见证人和持有人签名或者盖章。 《扣押物品、文件清单》一式两份，一份交给物品持有人，一份连同照片或者录像带附卷备查。 对应当扣押但容易腐败变质以及其他不易保管的物品，可以根据具体情况，经县级以上公安机关负责人批准，在拍照或者录像固定后委托有关部门变卖、拍卖或者销毁。	第五十八条 对应当扣押但不便提取的物品、文件，经登记、拍照或者录像、估价后，可以交被扣押物品、文件持有人保管或者封存，并明确告知物品持有人应当妥善保管，不得转移、变卖、毁损。 交被扣押物品、文件持有人保管或者封存的，应当开具《登记保存清单》，在清单上写明封存地点和保管责任人，注明已经拍照或者录像，由侦查人员、见证人和持有人签名或者盖章。 《登记保存清单》一式两份，一份交给物品、文件持有人，一份连同照片或者录像资料附卷备查。 对应当扣押但容易腐烂变质以及其他不易保管的物品，权利人明确的，经其本人书面同意或者申请，经县级以上公安机关负责人批准，在拍照或者录像固定后委托有关部门变卖、拍卖，所得款项存入本单位唯一合规账户，待诉讼终结后一并处理。

续前表

修订前	修订后
第六十三条 对不需要继续保留或者经调查证实与案件无关的被扣押物品、文件，应当及时退还原主，填写《发还物品、文件清单》一式两份，由承办人、领取人签名或者盖章，一份交物品、文件的原主，一份附卷备查。	第五十九条 对不需要继续保留或者经调查证实与案件无关的检材和被扣押物品、文件，应当及时退还原主，填写《发还清单》一式三份，由承办人、领取人签名或者盖章，一份交物品、文件的原主，一份交物品保管人，一份附卷备查。
第六十四条 对现场扣押的无主物品、文件，与犯罪有关的，在案件未破获前，由主办案件单位负责保管。	
第六十五条 对公安机关扣押物品、文件有疑问的，物品、文件持有人可以向扣押单位咨询；认为扣押不当的，可以向扣押物品、文件的公安机关或者其上级公安机关申请纠正。	第六十条 对公安机关扣押物品、文件有疑问的，物品、文件持有人可以向扣押单位咨询；认为扣押不当的，可以向扣押物品、文件的公安机关申诉或者控告。
第六十六条 上级公安机关发现下级公安机关扣押物品、文件不当时，应当责令下级公安机关改正，下级公安机关应当立即执行。	第六十一条 上级公安机关发现下级公安机关扣押物品、文件不当的，应当责令下级公安机关纠正，下级公安机关应当立即执行。必要时，上级公安机关可以就申诉、控告事项直接作出处理决定。
第六十七条 对于现场提取的痕迹、物品和扣押的物品、文件，应当按照有关规定建档管理，存放于专门场所，由专人负责，严格执行存取登记制度。	第六十二条 对于现场提取的痕迹、物品和扣押的物品、文件，应当按照有关规定建档管理，存放于专门场所，由专人负责，严格执行存取登记制度，严禁侦查人员自行保管。

续前表

修订前	修订后
第八章 现场访问	第八章 现场访问
第六十八条 现场勘验、检查人员应当向报案人、案件发现人，被害人及其亲属，其他知情人或者目击者了解、收集有关刑事案件现场的情况和线索。	第六十三条 现场勘验、检查人员应当向报案人、案件发现人，被害人及其亲属，其他知情人或者目击者了解、收集有关刑事案件现场的情况和线索。
第六十九条 现场访问包括以下主要内容： （一）刑事案件发现和发生的时间、地点、详细经过，发现后采取的保护措施，现场所见情况，有无可疑人或者其他人在现场，现场有无反常情况，以及物品损失等情况； （二）现场可疑人或者作案人数、作案人性别、年龄、口音、身高、体态、相貌、衣着打扮、携带物品及特征，来去方向、路线等； （三）与刑事案件现场、被害人有关的其他情况。	第六十四条 现场访问包括以下主要内容： （一）刑事案件发现和发生的时间、地点、详细经过，发现后采取的保护措施，现场情况，有无可疑人或者其他人在现场，现场有无反常情况，以及物品损失等情况； （二）现场可疑人或者作案人数、作案人性别、年龄、口音、身高、体态、相貌、衣着打扮、携带物品及特征，来去方向、路线等； （三）与刑事案件现场、被害人有关的其他情况。
	第六十五条 现场访问应当制作询问笔录。
第七十条 现场访问应当符合以下基本要求： （一）现场勘验、检查人员在询问被访问人前，应当了解被访问人与被害人、犯罪嫌疑人之间的关系，确定现场访问的任务和方法，保证访问工作合法、客观、准确； （二）现场访问时，现场勘验、检查人员应当向被访问人出示证件，告知被访问人必须履行如实作证的义务和作伪证或者隐匿罪证应当承担的法律责任；	

续前表

修订前	修订后
（三）现场勘验、检查人员询问被访问人应当个别进行，可以在现场外围或者被访问人所在单位、住所进行。必要时，可以通知被访问人到公安机关接受询问； （四）现场勘验、检查人员不得向被访问人泄露案情，不得使用威胁或者引诱的方法对被访问人进行询问； （五）访问未成年人，应当通知其监护人到场； （六）询问被访问人应当制作询问笔录。询问笔录应当由询问人和被询问人签字。经被访问人同意可以录音。	
第九章 现场外围的搜索和追踪	第九章 现场外围的搜索和追踪
第七十一条 现场勘验、检查中，应当对现场周围和作案人的来去路线进行搜索和追踪。	第六十六条 现场勘验、检查中，应当根据痕迹、视频、嗅源、物证、目击者描述及其他相关信息对现场周围和作案人的来去路线进行搜索和追踪。
第七十二条 现场搜索、追踪的任务包括： （一）搜寻隐藏在现场周围或者尚未逃离的作案人； （二）寻找与犯罪有关的痕迹、物品等； （三）搜寻被害人尸体、人体生物检材、衣物等； （四）寻找隐藏、遗弃的赃款赃物等； （五）发现并排除可能危害安全的隐患； （六）确定作案人逃跑的方向和路线，追踪作案人。	第六十七条 现场搜索、追踪的任务包括： （一）搜寻隐藏在现场周围或者尚未逃离的作案人； （二）寻找与犯罪有关的痕迹、物品等； （三）搜寻被害人尸体、人体生物检材、衣物等； （四）寻找隐藏、遗弃的赃款赃物等； （五）发现并排除可能危害安全的隐患； （六）确定作案人逃跑的方向和路线，追踪作案人； （七）发现现场周边相关视频信息。

续前表

修订前	修订后
第七十三条 在现场搜索、追踪中，发现与犯罪有关的痕迹、物证，应当予以固定、提取。	第六十八条 在现场搜索、追踪中，发现与犯罪有关的痕迹、物证，应当予以固定、提取。
第十章 现场实验	第十章 侦查实验
第七十四条 为了证实现场某一具体情节的形成过程、条件和原因等，可以进行现场实验。 进行现场实验应当经县级以上公安机关负责人批准。	第六十九条 为了证实现场某一具体情节的形成过程、条件和原因等，可以进行侦查实验。 进行侦查实验应当经县级以上公安机关负责人批准。
第七十五条 现场实验的任务包括： （一）验证在现场条件下能否听到某种声音或者看到某种情形； （二）验证在一定时间内能否完成某一行为； （三）验证在现场条件下某种行为或者作用与遗留痕迹、物品的状态是否吻合； （四）确定某种条件下某种工具能否形成某种痕迹； （五）研究痕迹、物品在现场条件下的变化规律； （六）分析判断某一情节的发生过程和原因； （七）其他需要通过现场实验作出进一步研究、分析、判断的情况。	第七十条 侦查实验的任务包括： （一）验证在现场条件下能否听到某种声音或者看到某种情形； （二）验证在一定时间内能否完成某一行为； （三）验证在现场条件下某种行为或者作用与遗留痕迹、物品的状态是否吻合； （四）确定某种条件下某种工具能否形成某种痕迹； （五）研究痕迹、物品在现场条件下的变化规律； （六）分析判断某一情节的发生过程和原因； （七）其他需要通过侦查实验作出进一步研究、分析、判断的情况。

续前表

修订前	修订后
第七十六条 现场实验应当符合以下要求： （一）现场实验一般在发案地点进行，燃烧、爆炸等危险性实验，应当在其他地点进行； （二）现场实验的时间、环境条件应与发案时间、环境条件基本相同； （三）现场实验使用的工具、材料应当与发案现场一致或者基本一致；必要时，可以使用不同类型的工具或者材料进行对照实验； （四）如条件许可，类同的现场实验应当进行二次以上； （五）评估实验结果应当考虑到客观环境、条件变化对实验的影响和可能出现的误差； （六）现场实验必须遵守法律规定，尊重民族风俗习惯，禁止一切可能造成危险、有伤风化、侮辱人格的行为。	第七十一条 侦查实验应当符合以下要求： （一）侦查实验一般在发案地点进行，燃烧、爆炸等危险性实验，应当在其他能够确保安全的地点进行； （二）侦查实验的时间、环境条件应当与发案时间、环境条件基本相同； （三）侦查实验使用的工具、材料应当与发案现场一致或者基本一致；必要时，可以使用不同类型的工具或者材料进行对照实验； （四）如条件许可，类同的侦查实验应当进行二次以上； （五）评估实验结果应当考虑到客观环境、条件变化对实验的影响和可能出现的误差； （六）侦查实验，禁止一切足以造成危险、侮辱人格或者有伤风化的行为。
第七十七条 对现场实验的过程和结果，应当制作《现场实验笔录》，参加现场实验的人员应当在《现场实验笔录》上签名或者盖章。 进行现场实验，可以照相、录像、录音。	第七十二条 对侦查实验的过程和结果，应当制作《侦查实验笔录》，参加侦查实验的人员应当在《侦查实验笔录》上签名。进行侦查实验，应当录音、录像。
第十一章 现场分析	第十一章 现场分析

续前表

修订前	修订后
第七十八条 现场勘验、检查结束后，勘验、检查人员应当进行现场分析。	第七十三条 现场勘验、检查结束后，勘验、检查人员应当进行现场分析。
第七十九条 现场分析的内容包括： （一）侵害目标和损失； （二）作案地点、场所； （三）开始作案的时间和作案所需要的时间； （四）作案人出入现场的位置、侵入方式和行走路线； （五）作案人数； （六）作案方式、手段和特点； （七）作案工具； （八）作案人在现场的活动过程； （九）作案人的个人特征和作案条件； （十）有无伪装或者其他反常现象； （十一）作案动机和目的； （十二）案件性质； （十三）是否系列犯罪； （十四）侦查方向和范围； （十五）是否需要进一步勘验、检查现场； （十六）处理现场的意见； （十七）其他需要分析解决的问题。	第七十四条 现场分析的内容包括： （一）侵害目标和损失； （二）作案地点、场所； （三）开始作案的时间和作案所需要的时间； （四）作案人出入现场的位置、侵入方式和行走路线； （五）作案人数； （六）作案方式、手段和特点； （七）作案工具； （八）作案人在现场的活动过程； （九）作案人的个人特征和作案条件； （十）有无伪装或者其他反常现象； （十一）作案动机和目的； （十二）案件性质； （十三）是否系列犯罪； （十四）侦查方向和范围； （十五）其他需要分析解决的问题。
第八十条 对现场勘验、检查后，应当完成现场勘验、检查工作记录。	第七十五条 勘验、检查人员在现场勘验、检查后，应当运用“全国公安机关现场勘验信息系统”和各种信息数据库开展刑事案件串并工作，并将串并案情况录入“全国公安机关现场勘验信息系统”。

续前表

修订前	修订后
第十二章 现场的处理	第十二章 现场的处理
第八十一条 现场勘验、检查结束后，现场勘验、检查指挥员决定是否保留现场。 对不需要保留的现场，应当及时通知有关单位和人员进行处理。 对需要保留的现场，应当及时通知有关单位和个人，指定专人妥善保护。	第七十六条 现场勘验、检查结束后，现场勘验、检查指挥员决定是否保留现场。 对不需要保留的现场，应当及时通知有关单位和人员进行处理。 对需要保留的现场，应当及时通知有关单位和个人，指定专人妥善保护。
第八十二条 对需要保留的现场，可以整体保留或者局部保留。	第七十七条 对需要保留的现场，可以整体保留或者局部保留。
第八十三条 遇有死因未定、身份不明或者其他情况需要复验的，应当保存尸体。	第七十八条 现场勘验、检查结束后，现场勘验、检查指挥员决定是否保留尸体。 （一）遇有死因未定、身份不明或者其他情况需要复验的，应当保存尸体； （二）对没有必要继续保存的尸体，经县级以上公安机关负责人批准，应当立即通知死者家属处理。对无法通知或者通知后家属拒绝领回的，经县级以上公安机关负责人批准，可以按照有关规定及时处理； （三）对没有必要继续保存的外国人尸体，经县级以上公安机关负责人批准，应当立即通知死者家属或者所属国驻华使、领馆的官员处理。对无法通知或者通知后外国人家属或者其所属国驻华使、领馆的官员拒绝领回的，经县级以上公安机关负责人批准，并书面通知外事部门后，可以按照有关规定及时处理。

续前表

修订前	修订后
第八十四条 对没有必要继续保存的尸体，经县级以上公安机关负责人批准，应当立即通知死者家属处理。对无法通知或者通知后家属拒绝领回的，经县级以上公安机关负责人批准，可以按照有关规定处理。 对没有必要继续保存的外国人尸体，经县级以上公安机关负责人批准，应当立即通知死者家属或者所属国驻华使、领馆的官员处理。对无法通知或者通知后外国人家属或者其所属国驻华使、领馆的官员拒绝领回的，经县级以上公安机关负责人批准，并书面通知外事部门后，可以按照有关规定处理。	
第十三章 现场的复验、复查	第十三章 现场的复验、复查
第八十五条 遇有下列情形之一，应当对现场进行复验、复查： （一）案情重大、现场情况复杂的； （二）侦查工作需要从现场进一步收集信息、获取证据的； （三）人民检察院审查案件时认为需要复验、复查的； （四）当事人提出不同意见，公安机关认为有必要复验、复查的； （五）其他需要复验、复查的。	第七十九条 遇有下列情形之一，应当对现场进行复验、复查： （一）案情重大、现场情况复杂的； （二）侦查工作需要从现场进一步收集信息、获取证据的； （三）人民检察院审查案件时认为需要复验、复查的； （四）当事人提出不同意见，公安机关认为有必要复验、复查的； （五）其他需要复验、复查的。
第八十六条 对人民检察院要求复验、复查的，公安机关复验、复查时，应通知人民检察院派员参加。	第八十条 对人民检察院要求复验、复查的，公安机关复验、复查时，可以通知人民检察院派员参加。

续前表

修订前	修订后
第十四章 现场勘验、检查人员纪律	
第八十七条 执行现场勘验、检查任务时，现场勘验、检查人员应当服从命令，听从指挥，程序规范，举止文明。 现场勘验、检查结束后，现场勘验、检查人员应当对现场进行清理，所有耗材必须带离现场，妥善处置。	
第八十八条 现场勘验、检查人员应当严格保守秘密，不得向无关人员泄露现场信息，不得擅自接受新闻媒体的采访。	
第十五章 附则	第十四章 附则
第八十九条 公安机关对其他案件、事件、事故现场的勘验、检查，可以参照本规则执行。	第八十一条 公安机关对其他案件、事件、事故现场的勘验、检查，可以参照本规则执行。
第九十条 本规则自2005年10月1日起施行。《公安部刑事案件现场勘查规则》(1979年7月1日颁布并实施)同时废止。	第八十二条 本规则自发布之日起施行。《公安机关刑事案件现场勘验检查规则》(2005年10月1日颁布并实施)同时废止。

三、现场勘验笔录式样

现场勘验笔录式样

勘验号：________

现场勘验单位：____________________________

指派/报告单位：________时间：____年____月____日____时____分

勘验事由：[空白处记载报警时间、报警人姓名、案（事）件发生地、案（事）件性质]________________________

____

现场勘验开始时间：______年______月______日______时______分

现场勘验结束时间：______年______月______日______时______分

现场地点：______________________________

现场保护情况：

现场保护人：姓名______单位______职务______

保护措施：□专人看护现场，防止他人进入/□设立警戒带，划定禁行区域□其他措施：__________

现场情况：□原始现场/□变动现场

变动原因：□事主进入　□报案人进入　□其他：________________

天气：□阴/□晴/□雨/□雪/□雾，温度：____℃，湿度：____%，风向：________

现场勘验利用的光线：□自然光/□灯光/□特种光

现场勘验指挥人：姓名__________单位______职务__________

现场勘验情况：（空白处记载现场勘验详细情况，包括现场方位和现场概貌、中心现场位置，重点描述勘验过程、提取痕迹物证情况；现场周边搜索情况、现场访问情况以及其他需要说明的情况）____________________

____

共　页　　　　　　　　第　　页

现场勘验制图____张；照相____张；录像____分钟；录音____分钟。

现场勘验记录人员：

笔录人：______________________________

制图人：______________________________

照相人：______________________________

录像人：______________________________

录音人：______________________________

现场勘验人员：

本人签名：__________单位______________职务__________________

本人签名：__________单位______________职务__________________

本人签名：__________单位______________职务__________________

本人签名：__________单位______________职务__________________

本人签名：__________单位______________职务__________________

本人签名：__________单位______________职务__________________

本人签名：__________单位______________职务__________________

本人签名：__________单位______________职务__________________

现场勘验见证人：

本人签名______性别____出生日期______，住址__________________

本人签名______性别____出生日期______，住址__________________

备注：______________________________

年 月 日

共 页 第 页

四、提取痕迹、物证登记表

提取痕迹、物证登记表

序号	名称	基本特征	数量	提取部位	提取方法	提取人	备注

见证人：　　　　　　　　　　办案单位（盖章）

持有人：　　　　　　　　　　提取人：

年　月　日

共　页　　　　第　页

五、现场图

现场图

现场方位图

现场平面示意图

制图人：________________

制图时间：________________

六、现场照片

现场照片

照相人：________________

照相时间：________________

七、现场勘验情况分析报告

现场勘验情况分析报告

勘验号：

现场分析依据的资料	（包括实地勘验、调查访问和检验鉴定等资料）		
侵害目标及损失			
作案地点			
作案时段		作案进出口	
作案手段		侵入方式	
作案工具	（包括用于破坏、威胁、行凶、交通、照明的工具及其数量和特征等）		
作案动机目的			
案件性质			
作案人数			
作案过程			
作案人特点			
串并意见与根据			
工作建议	（包括侦查方向与范围、痕迹物证应用与保管、侦查破案途径与措施、技术防范对策等）		
现场分析人			

年　　月　　日

（此页为公安机关保留，不随案移交）

图书在版编目（CIP）数据

刑事案件现场勘验检查工作手册/公安部刑事侦查局编写．—北京：中国人民大学出版社，2016.1
ISBN 978-7-300-22325-4

Ⅰ.①刑… Ⅱ.①公… Ⅲ.①刑事犯罪-现场勘查-手册 Ⅳ.①D918.4-62

中国版本图书馆 CIP 数据核字（2015）第 302354 号

刑事案件现场勘验检查工作手册
公安部刑事侦查局　编写
Xingshi Anjian Xianchang Kanyan Jiancha Gongzuo Shouce

出版发行	中国人民大学出版社		
社　　址	北京中关村大街 31 号	**邮政编码**	100080
电　　话	010－62511242（总编室）		010－62511770（质管部）
	010－82501766（邮购部）		010－62514148（门市部）
	010－62511173（发行公司）		010－62515275（盗版举报）
网　　址	http://www.crup.com.cn		
经　　销	新华书店		
印　　刷	涿州市星河印刷有限公司		
规　　格	148 mm×210 mm　32 开本	**版　　次**	2016 年 9 月第 1 版
印　　张	10.25 插页 2	**印　　次**	2025 年 6 月第 4 次印刷
字　　数	205 000	**定　　价**	50.00 元
